TAC建築設備シリーズ

第2版

いちばんよくわかる
消防設備

TAC建築設備研究会

TAC出版
TAC PUBLISHING Group

はじめに

　防災・防犯は、法律とそれを遵守しようとする人々の意識と行動、法律に基づく設備の設置などがなされることで、より安全で安心して暮らせる街づくりが実現していきます。建築物の高層化や大規模化、社会の多様化が進む中で、防災設備やセキュリティ設備の重要性が高まっています。本書は、防災設備とセキュリティ設備について、日頃、現場で工事や維持管理を行っている専門家が分担して執筆した実践的な入門書です。

　防災設備には、消防法および関係政令で規定する消火設備、警報設備、避難設備などの消防用設備と建築基準法に規定された防火扉などがあります。両者は、防災設備として一括して管理されていますが、本書では、おもに消防設備について解説しています。

　また、セキュリティは、企業にとっても個人にとっても極めて重要な課題となってきています。セキュリティは、法令順守の徹底や情報漏えい対策、入退室の管理だけでなく、個人の住まいにとっても重要なテーマであり、昨今では、セキュリティ設備は特別なものでなく、日常的なものとなっています。

　そこで、本書では、防災設備とセキュリティ設備の基本をわかりやすくまとめてみました。両分野については、すでに多くの良書がありますが、本書では難しい言葉や数式を使わずに図解で説明していることが特徴です。

　建築物の消防計画、セキュリティ計画は、単に設備の設置や基準に適合していることだけを確認するのではなく、体系的、総合的に安全性を考えることが必要です。

　本書が、防災設備・セキュリティ設備に関わる皆様のお役にたてば幸いです。

令和6年2月

初田防災設備株式会社　　　　　　　　中前　秀夫
西鉄ビルマネージメント株式会社　　武田　智彦

目　次

Part 3 火災報知設備・避難設備 71

Part 4 防火設備・排煙設備 103

Part
5
防犯設備 127

消防用設備
と法律

火災などの災害から生命・財産を
守るための消防用設備、消防法にはど
んなものがあるでしょうか？
この章では基本的な消防用設備の種類、
消防法を解説します。

燃焼の原理と火災の性状

燃焼の原理

燃焼とは一般に化学反応の一種で「光と熱の発生を伴う酸化反応である」と定義されています。

この燃焼を起こすには、燃えやすい物体（可燃物）と酸化反応に必要な酸素の供給源とその反応を開始させるのに必要なエネルギー（点火エネルギー）の3つの要素が必要で、これを「燃焼の3要素」と呼びます。また、この3要素以外に燃焼に密接な関係があるといわれている「化学連鎖反応」があります。燃焼反応は、ただ単に可燃性物質が酸素と結合するだけではなく、その過程において遊離基（フリーラジカル）が活性化され、燃焼の連鎖反応を進行していくといわれるもので、これを含め「燃焼の4要素」ともいわれます。

ただし、実際に燃焼をさせるには、点火エネルギー量がその可燃物を燃焼させるために十分なものでなければなりません。点火エネルギーは炎の場合、可燃物に近づけて燃焼を起こす温度を引火点といい、可燃物自体の温度を上げていき自ら燃焼しだす温度を発火点といいます。

令和3年度の出火原因の8.6%を占めているたばこは、たばこの火が可燃物に引火して発生する火災で、出火原因の7.6%を占めているコンロ火災の内、天ぷら油火災は、火の消し忘れで、天ぷら油の温度が360〜380℃に達すると発火して火災になります。

火災の性状

「火災」とは、人の意図に反して発生、または放火により発生して消火の必要がある燃焼現象のことをいいます。更に、人の意図に反して発生した爆発現象（化学的変化による燃焼で、多量のガスと熱を発生し、火災および破裂作用を伴う現象）も含まれます。

木造および防火構造の建物火災は、次の4段階の経過をたどります。

①出火原因から発炎着火の段階は、炎を出さずにくすぶり続けているものが、酸素の供給や可燃物の種類により炎を出すまでの状態

②発炎着火から出火の段階は、炎が天井や壁に着火するようになり、室内の木材やプラスチック系の物を燃やし、煙が多量に噴出するようになる

③出火から最盛期の段階は、燃焼により窓ガラスが溶け落ち、空気が流入し一気に燃え上がり1,000℃以上になる

④最盛期から鎮火の段階は、屋根や壁が焼け落ち火勢が急速に衰えていき、焼け落ちたものが炭火状となり、やがて鎮火する

燃焼の4要素

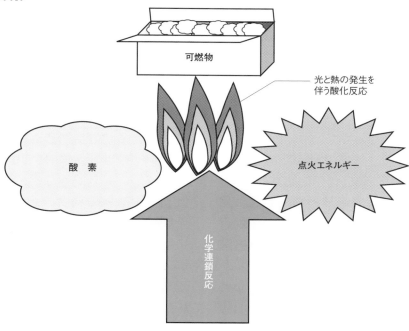

可燃物

光と熱の発生を
伴う酸化反応

酸　素

点火エネルギー

化学連鎖反応

火災の性状

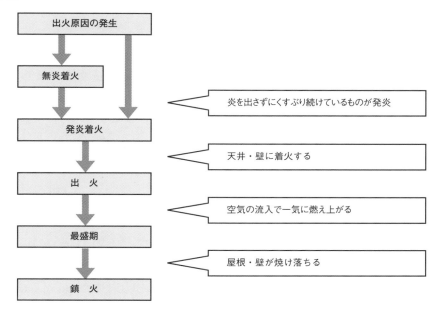

出火原因の発生

無炎着火

発炎着火

炎を出さずにくすぶり続けているものが発炎

出　火

天井・壁に着火する

最盛期

空気の流入で一気に燃え上がる

鎮　火

屋根・壁が焼け落ちる

用語解説　遊離基（フリーラジカル）……電子は通常2つがペアになって原子核の周りで安定するが、何かの要因でペアになっていない電子（不対電子）の状態の原子や分子のことをいい、ほかの物質から電子を奪って安定をしようとし、奪われた方はその繰り返しを行い、燃焼に影響をおよぼす要因となると考えられる。

消防法

消防法令の体系

　消防に関する法体系は、「消防の組織に関する体系」と「消防の作用に関する体系」に大別され、前者の消防組織法では、消防行政を担当する機関、任務などの規定がされており、消防行政を担当する機関として、市町村と定められています。我々が関係するのは後者で、消防法を中心として国民に対する消防上の諸規則、消防機関の諸権限などを規定しています。

　消防法、消防施行令、消防施行規則、告示が国で規定されており、市町村においては火災予防条例、予防条例規則が規定されています。

消防法の概要

　消防法は「火災を予防し、警戒し及び鎮圧し、国民の生命、身体及び財産を火災から保護するとともに、火災又は地震等の災害による被害を軽減するほか、災害等による傷病者の搬送を適切に行い、もつて安寧秩序を保持し、社会公共の福祉の増進に資すること」を目的としています。第一章（総則）から第九章（罰則）の構成で、その中でも我々に深く関係する部分は、第二章（火災の予防）、第三章（危険物）、第四章（消防の設備等）、第六章（消火の活動）で、第八章（雑則）第36条は、第8条の防火管理などを防災管理などと読み替える規定になっています。

　消防法は、第二章から第四章までが広い意味で火災の「予防」に関するものであり、この予防に最も重点が置かれています。第五章は、「警戒」について規定され、異常乾燥、異常風速などの悪天候下における火災警報の発令、その場合の火の使用制限、ガス漏れなどの事故の場合の火災警戒区域の設定などをその内容としています。消火の活動については、第六章で規定されており、火災発見者の通報、応急消火義務、消防隊の緊急通行権、消防警戒区域の設定などをその内容としています。第七章は火災原因の「調査」に関することをその内容としています。

　消防法を実施するために消防法施行令があります。消防法施行規則は、消防法、施行令を実施するにあたり細かい内容が規定されており、更に告示で補足される体系となっています。

　火災予防条例では、消防法第二章の第9条で次の内容を市町村条例へ委任しています。

①火を使用する設備、器具などに対する規則で、炉、ふろがま、変電設備、コンロなど火災の発生の恐れのある設備や器具の規制が対象となる

②住宅用防災機器は、住宅用火災警報器の設置について規定される

③圧縮アセチレンガスなどの貯蔵・取扱いの届出について規定される

④指定数量未満の危険物の貯蔵・取扱いの基準で、少量危険物や指定可燃物を規定する

Part1 消防用設備と法律

Part2 消火設備

Part3 火災報知設備・避難設備

Part4 防火設備・排煙設備

Part5 防犯設備

Part6 セキュリティシステム

消防法の目的と内容

		目　的	内　容
第一章	総則		法律の目的と用語の解説
第二章	火災の予防		火災予防に関し、おもに防火管理上の事柄について規定
	第4条	立入検査	関係者への資料提出命令、報告の徴収および消防職員の立入検査について
	第7条	建築許可などの消防同意	建築許可のために防火に関する規定に違反していないかを確認する消防同意についての規定
	第8条	防火管理	防火管理者の選任対象物、防火管理者の業務、届出関係について
	第8条の2	共同防火管理協議	高層建築物、地下街などで管理権原が分かれ共同で防火管理をしなければならない対象物、届出関係について
	第8条の2の2	防火対象物点検、報告	防火対象物点検を実施しなければならない対象物、届出関係について
	第8条の2の4	避難上必要な施設などの管理	廊下、階段、避難口、防火戸などの管理の義務について
	第8条の2の5	自衛消防組織	自衛消防組織の設置が必要な対象物、届出関係について
	第8条の3	防炎の規制	防炎対象物とそれを使用しなければならない対象物を定める
	第9条	市町村火災予防条例の委任規則	市町村火災予防条例に委任する設備・機器などについての規定
第三章	危険物		火災予防に関し、おもに危険物の取扱い施設などの事柄についての規定
	第10条	危険物規制関係	危険物の品名、取扱いなどに関する許可、危険物の管理体系などを規定する
第四章	消防の設備等		火災予防に関し、おもに消防用設備などの事柄についてを規定する
	第17条	消防用設備などの設置、維持	消防用設備などの設置対象物およびその維持の義務に関しての規定
	第17条の2の5	既存防火対象物の特例	法令が改正された場合、既存防火対象物の設備は現状の通りとする特例規定
	第17条の3	用途変更の特例	対象物の用途が変更された場合、設備は現状の通りとする特例規定
	第17条の3の2	消防用設備などの届出、検査	消防用設備を設置した時の届出と検査の対象物などを規定する
	第17条の3の3	消防用設備などの点検、報告	消防用設備点検の義務と方法、期間、消防への報告について規定する
	第17条の4	消防用設備などの設置維持命令	消防設備が規定にそぐわない時、消防より設置、維持に関して命令を出す内容を規定する
	第17条の5	消防設備士	消防設備士の独占業務に関しての規定を行う
第五章	火災の警戒		気象通報、警戒、たき火などの制限など、火災発生を警戒するための命令などを規定する
第六章	消火の活動		消防隊の消火活動に関する事柄を規定する
	第24条	火災発見の通報	火災発見者の火災の通報の義務を規定する
	第25条	応急消火義務など	消防隊が到着するまでの消火活動の義務を規定する
第七章	火災の調査		消防機関の火災の原因の調査とその権限について規定する
第七章の二	救急業務		消防機関の救急業務に関する実施内容などについて規定する
第八章	雑則		
	第36条	防災管理、防災管理点検、報告（第8条の読み替え）	防災管理者および防災管理点検の内容について第8条の防火管理の規定を読み替えて規定する
第九章	罰則		消防法などに違反と罰則の内容を規定する

用語解説　消防組織法……消防行政組織を規定している法律で、国家機関としてと消防庁の役割、各市町村の消防機関の組織(消防本部、消防署、消防団)の設置および役割、更に市町村消防の広域化について規定する法律。

防火対象物の建築物

防火対象物と消防対象物

消防法にて「防火対象物」とは「山林又は舟車、船きよ若しくはふ頭に繋留された船舶、建築物その他の工作物若しくはこれらに属する物」と定義されています。「防火対象物」はその用途において1項から20項まで分類されています。

これに対して「消防対象物」があり、これは「防火対象物」とそれに無関係な物件（山林および建築物などを除くもので、動山・不動産も含まれる）も含まれたもので、「山林又は舟車、船きよ若しくはふ頭に繋留された船舶、建築物その他の工作物又は物件」となっています。

特定防火対象物

用途が百貨店、旅館、病院、地下街など不特定多数の者や、身体老幼弱者が出入する防火対象物を特定防火対象物として、規定されています。

特定防火対象物は、消防用設備の設置基準が厳しいほか、消防法の改正に伴い既存の消防用設備を改正後の設備に適用させなければなりません。（遡及の適用）

複合用途防火対象物

1つの防火対象物に2つ以上の用途が入っている防火対象物を複合用途防火対象物といいます。1つの用途の場合は、単体用途となります。単体用途と複合用途の判定は次のようになります。

工場での社員食堂や神社での宴会場は、「機能従属」といい、管理権原者が同一で、利用者が同一か密接な関係にあり、利用時間もほぼ同じ場合、単体用途となります。また、このような「機能従属」ではなくても、「みなし従属」といい、独立した用途がある場合、おもな用途部分の床面積が延べ床面積の9割以上で、独立した用途の床面積合計が300㎡未満の場合も単体用途となります。これら条件に当てはまらない場合は複合用途となります。

無窓階・高層建築物

無窓階とは、建築物の地上階で、「避難上又は消火活動上有効な開口部を有しない階」で、11階以上の階で、直径50㎝以上の円が内接することができる開口部面積の合計が、該当階床面積の30分の1未満の場合、10階以下の階で、直径1m以上の円が内接することができる開口部（または幅75㎝以上、高さ1.2m以上の開口部）が2つ未満の階が該当となります。

高さ31mを超える建築物を高層建築物と規定されます。

関係者

「関係者」は、防火対象物または消防対象物の所有者、管理者または占有者をいいます。

防火対象物の用途（施行令別表第一）

項	防火対象物	
（1）	イ	劇場、映画館、演芸場又は観覧場
	ロ	公会堂又は集会場
（2）	イ	キャバレー、カフェー、ナイトクラブその他これらに類するもの
	ロ	遊技場又はダンスホール
	ハ	性風俗営業店舗等
	ニ	カラオケボックス等
（3）	イ	待合、料理店その他これらに類するもの
	ロ	飲食店
（4）	百貨店、マーケットその他の物品販売業を営む店舗又は展示場	
（5）	イ	旅館、ホテル、宿泊所その他これらに類するもの
	ロ	寄宿舎、下宿又は共同住宅
（6）	イ	病院、診療所又は助産所
	ロ	認知症高齢者グループホーム、老人短期入所施設、特別養護老人ホーム等
	ハ	老人デイサービス、小規模多機能型居宅介護施設、軽費老人ホーム等
	ニ	幼稚園又は特別支援学校
（7）	小学校、中学校、高等学校、高等専門学校、大学、専修学校、各種学校等	
（8）	図書館、博物館、美術館その他これらに類するもの	
（9）	イ	公衆浴場のうち、蒸気浴場、熱気浴場その他これらに類するもの
	ロ	イに掲げる公衆浴場以外の公衆浴場
（10）	車両の停車場又は船舶若しくは航空機の発着場	
（11）	神社、寺院、教会その他これらに類するもの	
（12）	イ	工場又は作業場
	ロ	映画スタジオ又はテレビスタジオ
（13）	イ	自動車車庫又は駐車場
	ロ	飛行機又は回転翼航空機の格納庫
（14）	倉庫	
（15）	前各項に該当しない事業場	
（16）	イ	特定防火対象物が存する複合用途防火対象物
	ロ	イに掲げる複合用途防火対象物以外の複合用途防火対象物
（16の2）	地下街	
（16の3）	準地下街	
（17）	重要文化財、重要有形民俗文化財、史跡等の建造物	
（18）	延長50m以上のアーケード	
（19）	市町村長の指定する山林	
（20）	総務省令で定める舟車	

※青文字：特定防火対象物　黒文字：非特定防火対象物

用語解説　工作物……変電設備（屋外）、危険物地下タンク貯蔵所、危険物屋外タンク貯蔵所、水素ガスを充填する気球など、建築物以外の地上または地中に設置されたもの。

消防用設備の規制

新増築物件の消防同意

　建築基準法では、建築物の新増築について、建築物の許可を確認する行政、指定確認検査機関は、工事施工地を管轄する消防長または、消防署長の同意を得なければ許可または確認をすることができません。同意を求められた時は、消防長または消防署長は、防火に関するものに違反していなければ、一般建築物の場合3日以内、その他の場合は7日以内に同意を出さなければなりません。

消防用設備などの届出と検査

　消防用設備などの工事を着手しようとする10日前までに、その工事を行う甲種消防設備士は、消防長または消防署長に工事整備対象設備等着工届出書を届け出なければなりません。

　消防用設備などを設置した場合、工事完了した日から4日以内に消防長または消防署長に消防用設備等設置届出書を届け出て、検査を受けなければなりません。

　検査を受けなければならない防火対象物は、以下のものとなります。
①認知症高齢者グループホーム、老人短期入所施設、特別養護老人ホーム（6項ロ）および当該対象物が入っている建物など（16項イ、16の2項、16の3項）
②延べ床面積300㎡以上の特定防火対象物
③特定1階段防火対象物
④延べ面積300㎡以上の特定防火対象物以外のもので、消防長または消防署長が指定するもの

消防用設備などの点検と報告

　防火対象物の関係者は、消防用設備などを定期的に点検し、結果を消防長または消防署長に報告しなければなりません。延べ面積1,000㎡以上の防火対象物で、特定防火対象物、消防長または消防署長が指定する1,000㎡以上の非特定防火対象物、特定1階段防火対象物については、消防設備士または消防設備点検資格者に点検を実施させなければなりません。点検の期間は、機器点検を6か月ごとに、総合点検を1年ごとに実施します。報告書は消防長または消防署長に、特定防火対象物については1年ごと、非特定防火対象物については3年ごとに報告をしなければなりません。

防火管理者

　一定の規模以上の防火対象物は、管理権原者が防火管理者を選任し、防火管理に必要な業務を実施させなければなりません。おもな業務は、①消防計画書の作成、②消火避難訓練の実施、③消防用設備などの点検および整備、④火気の使用・取扱いに関する監督、⑤避難施設の維持管理、⑥収容人員の管理 などです。

消防用設備などの届出

届出書類名	内　　容	届出期間	届出者	届出先
工事整備対象設備等着工届出書	消防用設備の工事を行う時に、甲種消防設備士が、設備の種類ごとに工事の場所、消火設備の概要、使用機器図などをまとめた書類	着工の 10 日前	甲種消防設備士	消防長または消防署長
消防用設備等（特殊消防用設備等）設置届出書	消防用設備を設置完成した時に、消防設備士が当該基準に基づき行った試験の結果を記載した試験結果報告書と消防用設備に関する図書をまとめた書類	設置完了後 4 日以内	防火対象物の関係者	消防長または消防署長
消防用設備等（特殊消防用設備等）点検結果報告書	消防法 17 条 3 の 3 の規定に基づき消防用設備点検を行った結果をまとめた書類	実施時期 機器点検　6 か月ごと 総合点検　1 年ごと 報告時期 特定防火対象物　1 年ごと 非特定防火対象物　3 年ごと	防火対象物の関係者	消防長または消防署長

防火管理者を選任しなければならない対象物

	防火管理者を選任しなければならない収容人員	甲種防火管理者延べ面積	乙種防火管理者延べ面積
認知症高齢者グループホーム、老人短期入所施設、特別養護老人ホームなど（政令別表 6 項ロ）および当該対象物が入っている建物など（政令別表 16 項イ、16 の 2 項、16 の 3 項）	10 人以上	全部	―
上記以外の特定防火対象物	30 人以上	300㎡以上	300㎡未満
非特定防火対象物	50 人以上	500㎡以上	500㎡未満

甲種防火管理者：防火管理の意義および制度、火気管理、施設・設備の維持管理、防火管理に係る消防計画などの講習を 2 日間受講し資格を取得した方
乙種防火管理者：防火管理の意義および制度、火気管理、施設・設備の維持管理、防火管理に係る消防計画などの基礎的な事項の講習を 1 日間受講し資格を取得した方

防火管理者の業務

防火管理者
管理権原者が選任

消防計画書の作成
消火避難訓練の実施
消防用設備などの点検および整備
火気の使用・取扱いに関する監督
避難施設の維持管理
収容人員の管理

ワンポイントアドバイス　消防用設備は、日頃使用しない設備なので設置当時から日常管理に至るまで、届出書類関係は、防火管理維持台帳にきっちり編冊しておくと、消防査察や増改築時に大変役立ちます。

消防用設備の種類

消防用設備の分類

　消防用設備には、①消防の用に供する設備、②消防用水、③消火活動上必要な施設 の大きく3つに分類されます。

　「消防の用に供する設備」とは、火災または、ガス漏れなどを早期に発見し防火対象物にいる人に知らせたり、消防機関へ通報する「警報設備」、火災が発生した場合、消火をするための設備や器具の「消火設備」、火災時に安全に迅速に避難・誘導させるための「避難設備」などのことで、おもにその防火対象物を守るための設備となります。

　「警報設備」には、次のものがあります。自動火災報知設備は、火災による熱、煙、炎などを感知、あるいは火災発見者が発信機を押して、建物内にいる人に報知する設備です。ガス漏れ火災警報設備は、燃料用ガスまたは、自然に発生する可燃性ガスなどを検知して、報知する設備です。漏電火災警報器は、電圧600V以下の漏えい電流を検出して報知し、漏電火災を防ぐ器具です。消防機関へ通報する火災報知設備は、おもに火災通報装置をいい、手動起動することで消防機関を呼出し、あらかじめ録音されている住所・建物名称などを自動的に通報し、通話も行える装置です。非常警報器具、非常警報設備は、火災が発生したことを防火対象物の全区域に知らせる器具・設備で、警鐘、携帯用拡声器、手動式サイレン、非常ベル、

非常放送設備などがあります。

　「消火設備」には次のものがあります。

　消火器は、初期消火に有効な器具で、ポータブルなものから車輪のついた大型まであります。屋内消火栓設備、屋外消火栓設備などは人が消防ホースを扱って消火する設備です。スプリンクラー設備などは固定式で、自動または手動にて消火する設備となり、泡消火設備、不活性ガス消火設備、粉末消火設備などは、消火薬剤を使用して消火する設備です。

　「避難設備」には、階段などの避難経路が使用できない場合に使用するもので、避難はしご、緩降機、救助袋、すべり台などがあります。また、誘導灯および誘導標識は、屋内から地上階へ安全かつ迅速に避難させるために、避難階段や避難できる場所を表示するものです。

　「消防用水」は、広い敷地にある防火対象物に対する、消火活動時の水利として利用することを目的としており、常時規定以上の水量を蓄えているものです。

　「消火活動上必要な施設」は、火災が発生した場合、消防隊の消火活動を支援するための設備になります。

　連結送水管や連結散水設備は、消防隊用の水供給もしくは地下の消火活動用に使用されます。排煙設備、非常コンセント設備、無線通信補助設備も消防隊の活動のための電力供給、通信手段などの支援設備となります。

消防用設備の種類

消防用設備	消防の用に供する設備	警報設備	自動火災報知設備 ガス漏れ火災警報設備 漏電火災警報器 消防機関へ通報する火災報知設備 非常警報器具 　（警鐘・携帯用拡声器・手動式サイレン） 非常警報設備 　（非常ベル・非常放送設備など）
		消火設備	消火器および簡易消火用具 屋内消火栓設備 屋外消火栓設備 スプリンクラー設備 泡消火設備 不活性ガス消火設備 ハロゲン化物消火設備 粉末消火設備 水噴霧消火設備 動力消防ポンプ設備
		避難設備	避難器具 　避難はしご・緩降機・救助袋 　すべり台・避難用タラップ 　避難橋 誘導灯および誘導標識
	消防用水		防火水槽、プール、池、濠、河川、湖、沼、海など
	消火活動上必要な施設		連結送水管 連結散水設備 排煙設備 非常コンセント設備 無線通信補助設備
	必要とされる防火安全性能を有する消防の用に供する設備など		防火安全性能が当該通常用いられている消防用設備などと同等以上であると認められる消防の用に供する設備、消防用水または消火活動上必要な施設のこと

用語解説　水利……消火に利用できる水、水源。「消防用水」として地下にコンクリートのピットなどで囲み消防専用にした水源や、一定以上の流速がある川、池、海なども消防ポンプ車から汲み上げ消火のための水として利用する。

消防用設備に求められる機能①
火災による被害を抑制する

通報・消火・避難

消防訓練を実施する場合、①通報訓練、②消火訓練、③避難訓練 を実施するように規定されており、火災時にもこの３つの基本行動により対処していきます。消防設備においてもこの基本行動に沿った機能が求められ、防火対象物の関係者が、基本行動での対処時に消防用設備を利用して火災による被害を最小限に抑制することができます。

「通報」の分野においては、火災の発見を知らせる「自動火災報知設備」、ガス漏れの発見を知らせる「ガス漏れ火災警報設備」、漏電を知らせる「漏電火災警報器」があり、各々の感知器が発報し、ベルなどを鳴動させ、防災センターなど受信機設置場所へ発報したエリアを表示させる機能があります。消防機関へ通報する設備として「火災通報装置」があります。

「消火」の分野においては、初期消火に有効なものは「消火器」です。消火器は防火対象物に歩行距離20mに１本設置されており、誰でも簡単な操作で消火薬剤を放出し、初期消火活動ができます。少々大きな建物となると「屋内消火栓設備、屋外消火栓設備」が設置され、ホースを伸ばしポンプ起動ボタンを押し、バルブを開くと筒先から水が屋内消火栓の場合130ℓ/分、屋外消火栓は350ℓ/分、放水され非常に強力な消火活動ができます。ただし、日頃から訓練をしておかないと使用が難しい設備となります。電気室や駐車場などには「固定式消火設備」が設置されており感知器などと連動して自動で放射する場合と手動で起動させる場合があります。この場合も安全を十分に確認して、起動させる人をあらかじめ決めておいた方が良いでしょう。

「避難」の分野においては、最終避難口まで誘導してくれる「誘導灯、誘導標識」があります。また、「非常放送設備」において的確な情報を防火対象物の中へ放送し、関係者を避難誘導させます。「避難階段、通路」も重要なもので、避難経路を煙や炎などから守るために防火戸などの防火設備が設置されており、避難障害になるものは、日頃より排除しておかなければなりません。避難階段、通路が使用できない場合は、「避難器具」により避難します。避難器具についても日頃より十分に訓練をしておかなければ、使用が難しい設備です。また、建築基準法にて設置義務が生じる排煙設備なども避難時に起動させることにより煙やガスから避難者を守ることができます。

このように火災発生時、防火対象物の関係者が十分に消防設備を活用することにより、最小限の被害と損害に抑えることができます。そのためには設置されている消防設備の使用訓練を年間数回以上実施し、日頃からの消防用設備の点検整備も重要となります。

Part1 消防用設備と法律

Part2 消火設備

Part3 火災報知設備・避難設備

Part4 防火設備・排煙設備

Part5 防犯設備

Part6 セキュリティシステム

おもな消防用設備

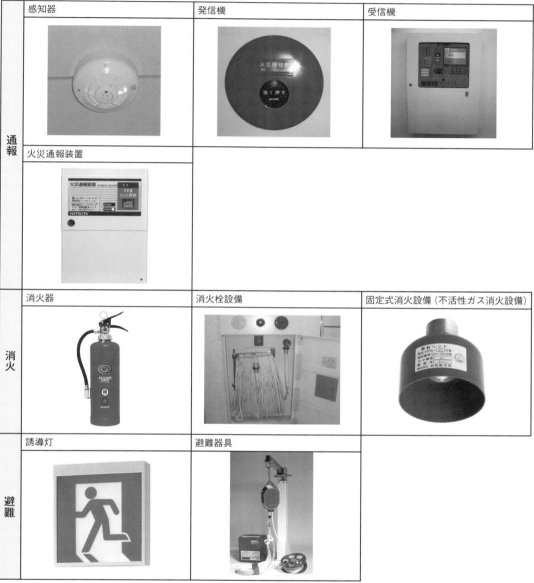

	感知器	発信機	受信機
通報	火災通報装置		
消火	消火器	消火栓設備	固定式消火設備（不活性ガス消火設備）
避難	誘導灯	避難器具	

（写真提供：松本機工（株））

トラブル事例　消火器などは、安全栓を引き抜けば、レバーを握ると放出しますが、安全栓が抜けた状態の消火器が放置されて、知らずにレバーに触れ、放射してしまうことがあります。消火設備は、緊急時に使用できなければなりませんが、それゆえに日常の管理も重要です。

消防用設備に求められる機能②
火災を早期に探知する

火災を早期に発見する

令和4年版消防白書では、死亡に至った経過をみると、令和3年中の火災による死者数（放火自殺者などを除く）1,143人のうち、逃げ遅れが526人で46.0%を占めています。その中でも「発見が遅れ、気付いた時は火煙が回り、すでに逃げ道がなかったと思われるもの（全く気付かなかった場合を含む）」が166人と最も多く、全体の14.5%を占めています。

このようなことから火災を早期に発見することは、消防用設備にとって重要な役割となります。

法改正による設置義務

自動火災報知設備などは早期に火災を探知する設備として非常に有効な設備です。重大な火災や事故が発生し、その原因が発見の遅れによるものの場合、消防法も改正され、自動火災報知設備を設置しなければならなくなります。

平成13年9月に発生し44名の方が亡くなられた新宿歌舞伎町の火災により、特定防火対象物において、屋内避難階段が1つしかない建物（特定1階段防火対象物）については、延べ床面積に関係なく自動火災報知設備の設置が義務付けられ、1つの階段による避難のために火災を早期に発見することが求められるようになりました。

また、平成19年1月に発生し3名の方が亡くなられた兵庫県宝塚市のカラオケボックスの火災をきっかけに、カラオケボックスでは延べ床面積に関係なく自動火災報知設備の設置が義務付けられ、更に自動火災報知設備（自火報）が発報した場合、カラオケの音が自動停止し、自火報のベルがよく聞こえるような法改正がされました。

平成19年6月に発生し3名の方が亡くなられた東京都渋谷区の温泉施設の爆発事故においては、温泉採掘時のメタンガスなどが引火したものとされており、消防法が改正され、温泉の採取のための設備（温泉井戸・ガス分離設備・ガス排出口並びに配管など）にガス漏れ火災警報設備の設置が義務付けられました。

平成18年には、住宅火災の早期発見による逃げ遅れ死者を減少させるために消防法が改正され、住宅への住宅用火災警報器の設置が義務付けられました。住宅用火災警報器は、火災により発生する煙や熱を感知し、音や音声により警報を発して火災の発生を知らせてくれる機器です。通常は、感知部と警報部が1つの機器の内部に納められていますので、機器本体を天井や壁に設置するだけで、機能を発揮します。

早期に火災を探知することにより、火災により亡くなられる方も激減することでしょう。

Part1 消防用設備と法律

Part2 消火設備

Part3 火災報知設備・避難設備

Part4 防火設備・排煙設備

Part5 防犯設備

Part6 セキュリティシステム

火災による経過別死者発生状況

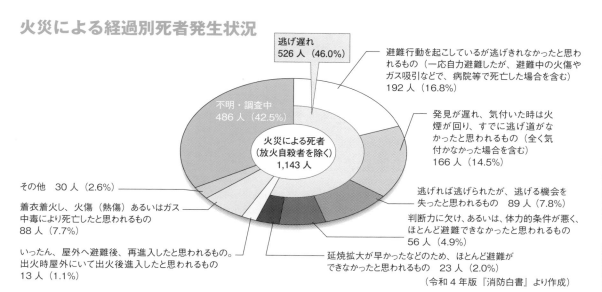

逃げ遅れ
526 人（46.0%）

避難行動を起こしているが逃げきれなかったと思われるもの（一応自力避難したが、避難中の火傷やガス吸引などで、病院等で死亡した場合を含む）
192 人（16.8%）

不明・調査中
486 人（42.5%）

火災による死者
（放火自殺者を除く）
1,143 人

発見が遅れ、気付いた時は火煙が回り、すでに逃げ道がなかったと思われるもの（全く気付かなかった場合を含む）
166 人（14.5%）

その他　30 人（2.6%）

着衣着火し、火傷（熱傷）あるいはガス中毒により死亡したと思われるもの
88 人（7.7%）

逃げれば逃げられたが、逃げる機会を失ったと思われるもの　89 人（7.8%）

判断力に欠け、あるいは、体力的条件が悪く、ほとんど避難できなかったと思われるもの
56 人（4.9%）

いったん、屋外へ避難後、再進入したと思われるもの。出火時屋外にいて出火後進入したと思われるもの
13 人（1.1%）

延焼拡大が早かったなどのため、ほとんど避難ができなかったと思われるもの　23 人（2.0%）

（令和 4 年版『消防白書』より作成）

事故による法改正

消防法改正の背景になった火災		施行日	自動火災設備関係の改正内容
H13・9・1	新宿歌舞伎町火災 死者 44 人 防火管理の不備、自火報のベルが停止されており初期対応が遅れた、1 つしかなかった階段が使用できなかったなどにより小規模の対象物でありながら大惨事になった	H15・10・1	16 項イ　全体の延べ床面積が 300㎡以上の場合設置しなければならない 2 項ハ　追加 特定 1 階段防火対象物（不特定多数の人が利用する用途が、3 階以上または地階にあり、その場所から避難階（地上階）に通じる直通階段が 2 箇所（屋外階段などの場合は 1）以上設けられていない建物）には自火報が面積に関係なく設置しなければならない
—	住宅火災の死者数は、建物火災による死者数の 9 割で、毎年約 1,000 人を超える水準で推移していた。アメリカでは、住宅火災警報器の設置が義務化された結果、死者数が半減したことなどから、改正された	H18・6・1	住宅用火災警報器の設置が義務付けられた
H19・1・20	兵庫県宝塚市カラオケボックス火災 死者 3 名 火災に気付くのが遅れたため煙を吸い込み一酸化炭素中毒が原因	H20・10・1	カラオケボックスなど、遊興に用いる個室の用途を 2 項二とし、面積に関係なく自火報を設置しなければならなくなった。また、カラオケボックス内で地区音響装置を聞き取れるようにしなければならない
H19・6・19	東京渋谷区温泉施設爆発火災 死者 3 名 温泉の汲み上げと一緒にメタンガスなどが噴出し何らかの要因で引火し爆発したと推定されている	H20・10・1	ガス漏れ火災警報設備を設置しなければならない防火対象物に、「温泉の採取のための設備（温泉井戸・ガス分離設備・ガス排出口並びに配管など）」が設置されている物件が追加
H18・1・8	長崎県大村市の認知症高齢者グループホーム火災 死者 7 名 ソファーに何らかの要因で着火して燃え広がったが、自火報もなかった	H20・4・1	それまでの 6 項ロ（老人福祉施設、有料老人ホームなど）が、2 つに細分化され、おもに入居を伴う社会福祉施設を 6 項ロとし、おもに通所の社会福祉施設（デイサービスなど）を 6 項ハとした 6 項ロは面積に関係なく、自火報・火災通報装置・消火器を設置しなければならず、275㎡以上はスプリンクラー設備も必要になった
H20・10・1	大阪市個室ビデオ店火災 死者 15 人 1 階個室ビデオ店の個室エリアから出火し、逃げ遅れにより多数の死傷者が発生	H21・12・1	カラオケボックスなど、遊興に用いる個室の用途の 2 項二の各個室内の感知器は煙感知器とする 地区音響装置、非常警報の警報音が各個室内およびヘッドフォン使用時にでも聞き取れるように対処する

ワンポイント アドバイス　危険な状態にいても、「危険」だと考えずに「正常な範囲だ」と自分を思い込ませる心理状態を「正常バイアス」と呼びます。早期に火災を探知できても、避難が遅れれば意味がないため「危険」を受け止めてすぐに行動に移せるように訓練を重ねておきましょう。

消防用設備に求められる機能③
初期消火

消火器による初期消火の重要性

　火災を早期に発見できれば、最も身近にある消火器は初期消火としては高い能力を発揮します。一般的なABC粉末消火器は、火災が出火の段階からじゅうたん、布団、家具、事務機器などに延焼し、炎が天井にまで到達していないまでの火災なら消火が可能な範囲となります。消火器の消火訓練と消火能力の限界の知識をもって初期の火災に十分に対応できます。

　このことについては、「地震時における出火防止対策のあり方に関する調査検討報告書について」（平成10年7月23日消防庁）の中で、阪神淡路大震災の時の初期消火の重要性について検証しまとめられています。阪神淡路大震災で発生した火災285件のうち、146件では初期消火が行われています。そのうち、火災の鎮火に対して有効だったものが58件（初期消火が行われたものの約4割）を占めています。

　消火に用いられたものは、「消火器」が81件で最も多く、初期消火有効率も46.9％と高い値を示しています。次に「水道・浴槽の水・汲み置き」が29件で、初期消火率は34.5％となっています。この検証結果は、地震時の火災に対する初期消火の重要性を表していますが、どのような場合でも火災規模が小さい段階であれば消火器でも大いに効果を発揮するといえます。

消火設備による初期消火

　屋内消火栓設備など自衛消防隊がホースを伸ばし消火活動を開始すると、1分間に130ℓ以上（1号消火栓）の大量の放水により消火器と比べて数段強力な消火を行うことができます。ただし、人が操作を行うために火災の発見が遅い場合、能力が発揮できないばかりか、使用すらできない可能性もあります。

　一方、固定の消火設備では、消火器などによる初期消火で消火ができなかった場合、炎が天井にまで到達し、スプリンクラー設備が設置している建物などであれば、スプリンクラーヘッドの先端の合金が溶けて開放され放水し、自動的に強力な消火能力にて消火されます。駐車場などで泡消火設備が設置されている場所においても、炎が天井にまで到達する勢いになってしまった場合、泡消火設備の感知ヘッドが開放され、該当区画に泡消火薬剤が放射され消火されます。

　消防設備が初期消火活動に有効に使用できるようにするための重要なポイントは、設置場所（起動装置の場所）の確認、使用方法の訓練、点検整備、があり特殊消火設備の場合、誰が起動させるか複数名の起動担当者、起動指示者を決めておくと消火の必要な場合、確実に起動させることができます。

初期消火における火災件数と有効件数（阪神淡路大震災時）

区　　分	火災件数（構成比）	有効件数（有効率）
消火器（粉末消火器など）	81件（28.4%）	38件（46.9%）
水道・浴槽の水・汲み置き	29件（10.2%）	10件（34.5%）
固定消火設備 　屋内消火栓設備　　7件 　粉末消火設備　　　4件 　その他　　　　　　2件	13件（4.6%）	2件（15.4%）
簡易消火用具（水バケツなど）	12件（4.2%）	4件（33.3%）
もみ消した	3件（1.1%）	1件（33.3%）
寝具・衣類など	2件（0.7%）	2件（100%）
その他	6件（2.1%）	1件（16.7%）
初期消火なし	139件（48.8%）	―
計	285件（100%）	58件

消火器・屋内消火栓設備による初期消火

消火器による初期消火

屋内消火栓設備による初期消火

用語解説　ABC粉末消火器……177ミクロン以下の微細な第一リン酸アンモニウムの結晶粒にシリコン系樹脂でコーティングをした粉末薬剤を充填した消火器で、一般火災（A火災）、油火災（B火災）、電気火災（C火災）に適用する消火器で、大半がこの消火器となる。

消防用設備に求められる機能④
火災時の避難を支援する

火災で発生する煙

令和4年消防白書では、火災によるおもな死因は、放火自殺者を除くと「一酸化炭素中毒・窒息（31.0%）」と「火傷（35.3%）」となっています。

火災で発生した煙は、燃焼により発生した熱により浮力が生じ天井面に衝突後、天井面にそって流れます。廊下などへ開放されてる開口部から煙が流出すると、廊下天井部を0.3〜0.8m/秒の速度で煙が伝播していきます。その煙が階段やエレベーターシャフトに入ると、煙突効果などにより3〜5m/秒の急速度で上昇し拡散していきます。

このように拡散していく火災時に発生した煙を吸うことにより、煙の中に含有されている、一酸化炭素などが血液中のヘモグロビンと結合し酸素不足になり、呼吸障害や死亡に至ってしまいます。また、可燃物の燃焼により、二酸化炭素が増加し酸素が低下するために身体的な異常をきたし、意識喪失に至ることもあります。更に煙は、黒煙であれば光を遮り視界が暗くなり、白煙であっても見通しが悪くなり避難行動に支障をきたすことになります。

煙・炎から避難者を守り避難させる

避難者が避難するルートを火災による煙から守る方法として、区画化、排煙、遮煙、蓄煙、希釈があります。区画化には、防煙間仕切り壁、ガラススクリーンなどで、煙の拡散を一定範囲にとどめる機能があります。排煙は、空間上部に排煙口を設けて煙を外部に排煙する自然排煙と、排煙ファンなど機械的に排煙する機械排煙があります。煙感知器と連動する防煙垂れ壁と排煙設備により効率的に排煙する方法もあります。

火災自体の延焼を防止するために、防火区画にて区画する場合があります。火災を一定の床面積内に閉じ込めるための「面積区画」、階段室、エレベーターシャフト、パイプシャフト、ダクトスペースなどの上下方向の竪穴を区画する「竪穴区画」、建築物の中で異種用途がある場合、そちらへの延焼を区画する「異種用途区画」などです。また、建物内部を人や物が移動するために防火区画には開口部が必要で、その開口部には、防火扉、防火シャッター、ダンパーなどで防火区画が形成されます。

誘導灯および誘導標識は、屋内から直接地上へ通じる出口や避難階段、特別避難階段などの有効に避難できる場所を表示し、迅速かつ安全に避難誘導する設備です。

非常放送設備は、大規模な防火対象物または収容人員が多い防火対象物に対して避難時のパニックを防止し、避難の際の緊急度に応じ、スピーカーによる音声で誘導が行えるように設けられた設備です。

Part1　消防用設備と法律

Part2　消火設備

Part3　火災報知設備・避難設備

Part4　防火設備・排煙設備

Part5　防犯設備

Part6　セキュリティシステム

火災時の煙の流れ

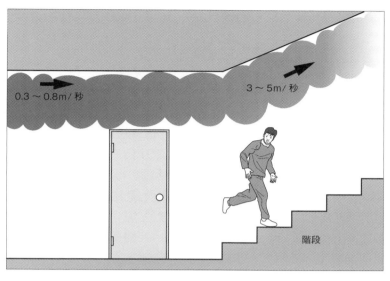

0.3〜0.8m/秒

3〜5m/秒

階段

火災による煙は廊下などを0.3〜0.8m/秒で伝播するため、人の歩行速度では、煙より早く避難することができるが、階段などに煙が達すると上部へ3〜5m/秒の速い速度で煙が拡散する

防火区画を形成する機器の例

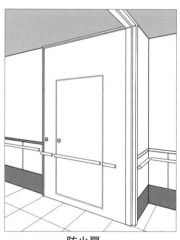

防火扉

火災の煙により防火扉が閉鎖し、火災の拡散を抑える機器。閉鎖後も扉の中に小扉がついているため避難することができる

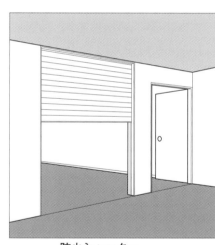

防火シャッター

火災の煙によってシャッターを閉鎖し、火災の拡散を抑える機器。閉鎖後は横に設置されている防火戸から避難することができる

用語解説　消防白書……火災をはじめとする各種災害の現況や課題、消防防災の組織や活動状況、消防防災の科学技術の研究などについて消防庁がまとめている年次報告書。

消防用設備に求められる機能⑤
消防活動を支援する

消防用水と消防水利

　火災が発生し、119番通報を行い消防隊が現場へ到着後、防火対象物の関係者は、情報の提供、案内などを行います。消防隊がポンプ車を「消防用水」または「消防水利」に横付けし、放水を行い、消防活動を開始します。この消火活動に不可欠な「水利」について、大規模な防火対象物については、防火対象物側で設置をする必要があり、その場合「消防用水」となります。一方その他の防火対象物では、「消防水利」からポンプ車で給水して消火活動を行います。「消防水利」とは、市町村で設置が義務付けられたもので、消火栓、私設消火栓、防火水槽、プール、河川、溝、濠、池、海、湖、井戸、下水道などで40㎥以上もしくは1㎥/分以上で40分以上の取水可能な能力を有するもので、一定の間隔で設置されています。

消火活動上必要な施設

　消防隊の消火活動を支援する設備に「連結送水管」、「連結散水設備」、「非常コンセント設備」、「無線通信補助設備」、「排煙設備」があります。

　その中で最も多く設置されているのが「連結送水管」です。連結送水管は、高層建築物、地下街、準地下街、アーケード、道路の用に供される部分など、消火活動が困難な防火対象物に設置し、送水口、配管、放水口、放水器具などにより構成され、建物内に設けられた放水口へ消防ポンプ自動車から送水し、ノズルから放水して消火活動を行う設備です。

　「連結散水設備」は、建築物の地下室、地下街などで火災が発生した場合、煙、ガスが充満し、最悪の場合には電源の遮断によって暗室となり消火活動が十分に行えず火災が拡大してしまう恐れがあるため、地下部分の天井面に散水ヘッドを設け、散水ヘッドと建築物外部に設ける送水口を配管接続し、消防隊がポンプ車で外部から送水して消火するものです。

　「非常コンセント設備」は、高層建築物や地下街の火災発生時に、電気の供給が断たれ暗闇作業を余儀なくされても照明器具や活動資機材が有効に使用でき、効率的な消防活動ができることを目的とするものです。

　「無線通信補助設備」は、地下街やトンネルなど（延べ面積1,000㎥以上）で地上からの電波が著しく減衰し、地下街は無線連絡が困難となるため、防災センターおよび地上の消防隊員と地下街の消防隊との無線通信の円滑化をはかるためのものです。

　「排煙設備」は、建物の火災により発生した煙を強制的に排気する装置です。火災中期から盛期にかけて消火活動拠点中心に煙を屋外に排出し、消火活動を容易にすることを目的としています。

Part1 消防用設備と法律

Part2 消火設備

Part3 火災報知設備・避難設備

Part4 防火設備・排煙設備

Part5 防犯設備

Part6 セキュリティシステム

消火活動を支援する設備

連結送水管（放水口）
消防隊がポンプによって送水口から送水された水をホースと接続して放水するための設備

連結散水設備（散水ヘッド）
地下に設置された連結散水設備のヘッドに地上の送水口からポンプ車で送水し、ヘッドから散水するための設備

（写真提供：能美防災（株））

非常コンセント設備
高層建築物や地下街の火災時の場合、安定的に電気を供給し、消火救出活動に使用できるように設置された設備

無線通信補助設備
地下街やトンネルなど地上からの電波が届きにくい場所で地上と消防隊員との無線通信を円滑に行うための設備

排煙設備
起動装置で排煙設備を起動させて、天井の排煙口を開き煙を屋外へ排出する設備

起動装置

用語解説 消火活動拠点……避難階段、特別避難階段の附室、非常用エレベーターの乗降ロビーなどの場所で、避難者が避難階まで安全に避難できる機能および消防隊が消火活動時に活動拠点として使用できる機能が要求されている場所のこと。

火災の状況と原因

　令和４年版消防白書によりますと、この10年間の出火件数は、平成24年以降、減少傾向となっており、令和３年中の出火件数は、35,222件で10年前の80%に減っています。

　その出火原因別は、たばこが3,042件で最も多く、５年連続して出火原因の第１位となっています。たばこの発火原因は、６割以上が不適当な場所への放置によるものです。

　２番目に多い出火原因は、たき火による火災が2,764件となっています。３番目がコンロによるもので、2,678件となっており、消し忘れにより火災に至るものが多いようです。どちらも火の取扱いには十分に注意する必要があります。

　また、亡くなられた方（自殺者を除く）の46.0%が、逃げ遅れによるもので、住宅用火災警報器などを設置し、火災の早期発見が重要な課題となっています。

消火設備

どのような原理と仕組みで火災を消火するのでしょうか？この章では様々な火災に対する消火設備の種類と性能を解説します。

消火設備の種類

消火設備の種類

消火設備には、①消火器および簡易消火用具、②屋内消火栓設備、③屋外消火栓設備、④スプリンクラー設備、⑤泡消火設備、⑥不活性ガス消火設備、⑦ハロゲン化物消火設備、⑧粉末消火設備、⑨水噴霧消火設備、⑩動力消防ポンプ設備の10種類があります。

固定式消火設備と移動式消火設備

スプリンクラー設備や水噴霧消火設備などのように、防火対象物内に固定されており、その状態で消火をする設備を「固定式消火設備」といいます。配管とヘッドが固定して設置されている泡消火設備、不活性ガス消火設備、ハロゲン化物消火設備、粉末消火設備もこの分類に入ります。

固定式消火設備は、自動もしくは遠隔手動起動により防火対象物を消火できますので、安全で非常に高い消火能力を発揮できます。このことから固定式消火設備は、規模の大きな特定防火対象物、高層ビル、駐車場、電気室など火災の危険性の高い場所への設置が義務付けられています。

固定式消火設備に対して、人がホースなどを持って消火する設備を「移動式消火設備」といい、屋内消火栓設備、屋外消火栓設備、移動式粉末消火設備、移動式不活性ガス消火設備、泡消火栓設備などが

この分類に入ります。

移動式消火設備は、人が介在して消火をするために、操作する人の技量や発生している火災による影響などにより、固定式消火設備ほど安全で高い消火能力が発揮できません。また、駐車場などに設置されている移動式粉末消火設備は、「火災時著しく煙が充満しないこと」を条件に設置が認められます。移動式消火設備は、固定式消火設備より設置コストは安いのですが、操作する人の訓練が十分に必要な消火設備となります。

危険物施設の消火設備

危険物施設の消火設備については、次の5種類に分類されています。「第一種消火設備」は、消火剤に水を利用した移動式消火設備で、屋内消火栓設備、屋外消火栓設備になります。「第二種消火設備」は、消火剤に水を利用した固定式消火設備で、スプリンクラー設備が該当します。「第三種消火設備」は、消火剤に消火薬剤を使用または、消火能力の高い消火設備で、粉末消火設備、泡消火設備、不活性ガス消火設備、ハロゲン化物消火設備、水噴霧消火設備が該当します。「第四種消火設備」は、大型消火器が該当し、「第五種消火設備」は、小型消火器が該当します。

危険物施設の消火設備は、一般施設に関する消火設備に比べ、放射圧力、放射量、放射時間などが大きく定められています。

消火設備の種類

消火設備の種類		方式	危険物設備の消火設備の分類
屋内消火栓設備		移動式	第一種消火設備
屋外消火栓設備			
スプリンクラー設備		固定式	第二種消火設備
粉末消火設備	固定式粉末消火設備		第三種消火設備
	移動式粉末消火設備	移動式	
泡消火設備	固定式泡消火設備	固定式	
	屋内泡消火栓設備	移動式	
	屋外泡消火栓設備		
不活性ガス消火設備	固定式不活性ガス消火設備	固定式	
	移動式不活性ガス消火設備	移動式	
ハロゲン化物消火設備	固定式ハロゲン化物消火設備	固定式	
	移動式ハロゲン化物消火設備	移動式	
水噴霧消火設備		固定式	
消火器	大型消火器	移動式	第四種消火設備
	小型消火器		第五種消火設備
動力消防ポンプ		移動式	—

固定式消火設備と移動式消火設備

固定式消火設備

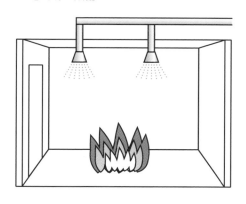

自動もしくは遠隔手動起動により
防火対象物の火災を消火する

移動式消火設備

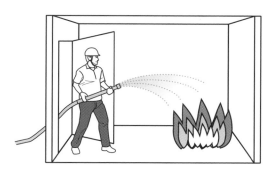

人がホースなどを使用して
防火対象物の火災を消火する

用語解説 特定防火対象物……百貨店、旅館、病院、劇場、遊技場、飲食店、地下街など不特定多数の者や身体老幼弱者が出入する防火対象物を特定防火対象物として規定されている。

Part1 消防用設備と法律
Part2 消火設備
Part3 火災報知設備・避難設備
Part4 防火設備・排煙設備
Part5 防犯設備
Part6 セキュリティシステム

消火の原理と仕組み

消火の原理

消火には、①窒息消火（希釈・遮断によるもの）、②冷却消火、③化学連鎖反応の中断による消火、④可燃物を除去する消火があります。

窒息消火

可燃性気体が燃焼するには、それが酸素と燃焼範囲にある混合気体を作らなければなりませんが、酸素または可燃性ガスいずれかの濃度を希釈すればその条件が崩れ、燃焼が継続しなくなります。二酸化炭素のような不燃性気体を炎の中に入れ酸素濃度を減少させる方法や、蒸発性液体（沸点が低く、容易に不燃性の蒸気になる液体）による希釈方法、燃焼している液体をほかの不燃性液体で薄め濃度を下げる方法などがあります。

また、窒息消火には酸素と可燃物を遮断して消火をする方法があります。おもなものに不燃性の泡を燃焼している物質に放射する方法や、燃焼物を布、布団、砂などの固体で覆って酸素の供給を遮断する方法があります。

冷却消火

燃焼の継続に必要な点火エネルギーの熱を奪う消火方法で、水がその代表的なものとなります。

たとえば0℃の水1ℓを燃焼面に注いだ場合100℃まで熱せられると100kCalを吸収し、更に水蒸気になる場合539kCalの熱を吸収するような、大きな冷却効果があります。

化学連鎖反応の中断による消火

燃焼反応は、ただ単に可燃性物質が酸素と結合するだけではなく、その過程において遊離基（フリーラジカル）が活性化され、燃焼の連鎖反応が進行するため、この遊離基を何らかの方法で捉えて壊すと連鎖反応が中断、抑制され消火することができます。

燃焼中に粉末消火薬剤を放出すると炎中に発生した遊離基が粉末薬剤の粒子とくっつき遊離基本来の作用を失います。このため燃焼と呼ばれる一連の鎖の一環が外れ、燃焼が中断され消火します。

化学反応において、燃焼に直接関係のない物質を加えると、反応が物質を加えない時より早く進んだり、遅くなったりします。反応を遅らせる作用を負触媒作用と呼びます。粉末消火薬剤も負触媒作用の一例で、その他にハロゲン化物、カリウムなどもその作用を有しています。

可燃物を除去する消火

ガスコンロ火災の時、まずガスを遮断するなどが除去消火になります。江戸時代の火消しのように建物や構造物を破壊して燃える物をなくすことで延焼を防ぎ最終的に消火する方法もあります。

Part1 消防用設備と法律

Part2 消火設備

Part3 火災報知設備・避難設備

Part4 防火設備・排煙設備

Part5 防犯設備

Part6 セキュリティシステム

消火の仕組み

窒息消火

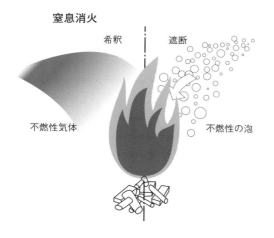

酸素を遮断して消火を行う方法で、不燃性ガスを放射して酸素濃度を下げる。または、燃焼物の表面を泡で覆い空気を遮断する方法で消火を行う

冷却消火

水などをかけて、点火エネルギーの熱を奪い消火を行う

化学連鎖反応の中断による消火

粉末消火薬剤の粒子により燃焼を継続させている連鎖反応を、負触媒作用によって消火を行う

可燃物を除去する消火

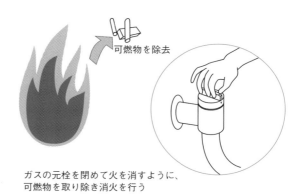

ガスの元栓を閉めて火を消すように、可燃物を取り除き消火を行う

ワンポイント アドバイス	燃焼反応に伴い、炎中にプラスまたはマイナス電気を帯びた物質が発生し、これも燃焼の継続に関係があるものと考えられます。炎に強い電界を与え、炎の中で電気を帯びた物質を移動させ変形させて消火をする方法が考えられています。

消火薬剤の種類

純水消火薬剤

消火薬剤の代表は、「水」で、消火原理は冷却消火です。屋内消火栓設備、屋外消火栓設備、スプリンクラー設備、水噴霧消火設備などは消火薬剤に水を使用しています。また、「純水」を利用した水消火器は、電気が伝導しにくいため、電気設備のショートや故障などの二次的汚損が少なく、不純物を含まないことから、半導体工場などの塵・埃などを減少させたクリーンルーム内やコンピュータールームなどで使用されています。

ABC粉末消火薬剤

「ABC粉末消火薬剤」は、177ミクロン以下の微細な第一リン酸アンモニウムです。消火原理は、負触媒効果(化学的連鎖反応を抑制する作用)、窒息効果、冷却効果です。消火器や粉末消火設備に使用されます。

中性強化液消火薬剤

「中性強化液消火薬剤」は、木材火災などに有効なリン化合物と、油(B)火災に有効なフッ素系界面活性剤で、防炎剤、潤滑剤などを配合した消火薬剤です。

液体系薬剤の浸透性と防炎効果によって普通(A)火災、特に紙、布、布団などへ強力な消火能力を発揮します。また、pH7.2の中性のため機材に対する汚損、腐食が少なくて済みます。

噴霧状態で使用することにより油(B)火災、電気(C)火災にも適用します。消火原理は、防炎効果と冷却効果です。

二酸化炭素消火薬剤

「二酸化炭素消火薬剤」は不燃ガスの一種で、貯蔵容器に圧縮液化の状態で蓄圧され、放出されると窒息効果および冷却効果により消火します。二酸化炭素は空気より約1.5倍重たいため燃焼物の隙間にも効力を発揮します。また、ガス系のため消火後の消火薬剤によって対象物を汚す、または電気機器をショートさせ故障させるといった二次的汚損が少ないのが特長です。ただし、空気中の二酸化炭素濃度が15%を超えると人間は死亡に至りますので、狭い密閉した部屋では使用できません。おもに、消火器・不活性ガス消火設備で使用されます。

化学泡消火薬剤

「化学泡消火薬剤」は炭酸水素ナトリウム(重曹)を主成分としたA剤と硫酸アルミニウムを主成分としたB剤が、使用時混合することにより、二酸化炭素を核とする泡を発生させ、二酸化炭素の圧力により放出し消火する薬剤で、窒息効果と冷却効果により、油(B)火災に優れた威力を発揮するほか、普通(A)火災にも適します。ただし、薬剤は1年で劣化するため1年ごとの交換が必要です。

消火薬剤の種類

消火薬剤	メリット	デメリット
純水消火薬剤	電気伝導率がきわめて低く、汚損・腐食がなく、クリーンルーム内やコンピュータールームに最適	ほかの消火薬剤と比較すると消火能力が低く、油（B）火災は消火できない
ABC 粉末消火薬剤	油（B）火災に強く即効性があり、負触媒効果、窒息効果、冷却効果がある	二次的汚損がひどく、再着火防止にはならない
中性強化液消火薬剤	液体系薬剤の浸透性があり、紙・布・布団などへ強力な消火能力を発揮する。また、再着火防止効果があり、粉末薬剤のように拡散しないので、液体がかかった部分のみで、二次的損害を拡大しない	薬剤が局所的に放射するので消火の即効性に乏しい
二酸化炭素消火薬剤	二酸化炭素は放出されると気化し、何も残らないので使用後の二次的損害はない。また、通常の保管状態であれば経年による変化がほとんどなく、維持管理が容易	普通火災の消火能力が少なく、再着火防止にはならない。多量に使用すると、人間に害を与える（高濃度の二酸化炭素を吸入すると人体に影響を与える）
化学泡消火薬剤	化学泡消火薬剤は、燃焼面を泡の膜で覆い尽くすために再着火せず確実に消火できる。更に、粉末薬剤のように拡散しないので、液体がかかった部分のみで、二次的損害を拡大させない	A剤に含まれている炭酸水素ナトリウム（重曹）は水溶液中で徐々に分解し、B剤と反応して発生させる水酸化ナトリウム（泡の骨格を形成）の量が減ってしまう。1年経てば、泡発生量が80〜90％に減少してしまうため、化学泡消火薬剤は、1年間で薬液を交換しなければならない

用語解説	ABC火災……ガソリン、灯油などの石油類や固体油脂類の火災を「B火災」といい、「B火災」以外の木材、紙などの火災は「A火災」と規定される。また、電気が関係している火災は「C火災」と規定される。

Part1 消防用設備と法律

Part2 消火設備

Part3 火災報知設備・避難設備

Part4 防火設備・排煙設備

Part5 防犯設備

Part6 セキュリティシステム

消火器の種類

主流の消火器

　全国で一番多く設置されている消火器は、加圧式ABC粉末消火器10型です。

　消火薬剤は、ABC粉末消火薬剤を用いて、普通（A）火災、油（B）火災、電気（C）火災のいずれにも強い消火力を発揮する万能タイプです。表面火災には威力を発揮し、速攻的に消火します。ただし、粉末薬剤のため布団や木材など内部に火種を持ち、いつまでもくすぶるような火災に対しては、燃焼物の内部へは浸透しないので消火はしにくくなります。

　放射方式は、「加圧式消火器」が主流となり、レバーを握り、封板を開封し圧縮ガスをガス導入管により消火器容器内に充満させ、粉末薬剤を本体容器下部より、サイホン管を通じてホースから放射させます。

　加圧ガス容器の封板を開封した瞬間に最大の圧力が消火器の容器にかかり、容器がサビなどで劣化している場合、破裂などの事故を起こす恐れがあります。老朽化した加圧式消火器の破裂事故などをうけ、平成23年1月に「消火器の規格省令」が改正され、消火器の耐圧性能試験（製造年より10年経過したもの）が導入されました。また、事故をきっかけに「蓄圧式消火器」への更新が加速しています。蓄圧式消火器は、放射圧力源として窒素ガス（N₂）が蓄圧されており、レバーを握ることにより、消火薬剤がサイホン管を通じ、ホースより放出されます。指示圧力計がついており、窒素ガスの蓄圧状態が一目で確認でき、維持管理が簡単にできることが大きな特長です。更に、万一腐食などで亀裂などが入った場合も蓄圧している窒素ガスが抜けるので安全で、今後の消火器の主流になっていく方式です。また、「化学反応式消火器」の放射方式には化学泡消火器があります。化学泡消火薬剤を用いたもので、40数年ほど前は主流でしたが、現在は、大型消火器として残っています。

　消防法により普通（A）火災、油（B）火災、電気（C）火災を消火能力単位として評価しており、ABC粉末消火器10型は、（A）火災＝3、油（B）火災＝7、電気（C）火災＝適用するとなっています。

消火器の種類

　消火器は消防法で定められた検定対象機器です。住宅における使用に限定した住宅用消火器と一般に設置されている消火器の業務用消火器があります。

　消火薬剤によっても、ABC粉末消火器、中性強化液消火器、機械泡消火器、化学泡消火器、二酸化炭素消火器、水消火器などがあります。充填している消火薬剤量により（粉末消火器だと薬剤量が20kg以上、化学泡消火器だと80ℓ以上）のものを大型消火器と規定しており、電気室や危険物施設に設置されます。

放射方式

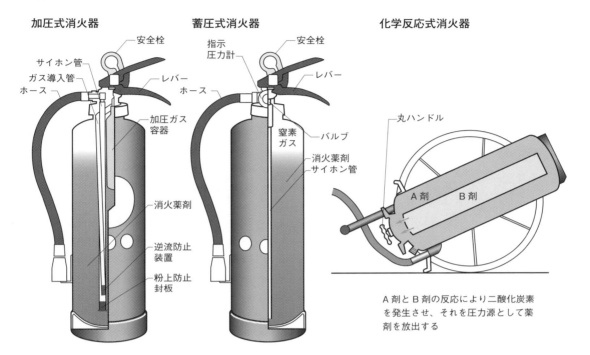

加圧式消火器

- 安全栓
- サイホン管
- ガス導入管
- ホース
- レバー
- 加圧ガス容器
- 消火薬剤
- 逆流防止装置
- 粉上防止封板

蓄圧式消火器

- 指示圧力計
- 安全栓
- ホース
- レバー
- 窒素ガス
- バルブ
- 消火薬剤
- サイホン管

化学反応式消火器

- 丸ハンドル
- A 剤
- B 剤

A 剤と B 剤の反応により二酸化炭素を発生させ、それを圧力源として薬剤を放出する

住宅用消火器と業務用消火器

住宅用消火器

住宅に限定した消火器で蓄圧式にしなければならない。ただし、本体の塗装には制限なく自由にデザインできる

業務用消火器（小型）

本体の 25％以上を赤色塗装にしなければならない

業務用消火器（大型）

消火薬剤料が、粉末の場合 20 kg以上、化学泡の場合 80 ℓ 以上

用語解説	消火能力単位……消火器の消火能力を表す単位。A火災、B火災それぞれに規定された模型を消火できる個数で能力単位が決められる。

Part1 消防用設備と法律
Part2 消火設備
Part3 火災報知設備・避難設備
Part4 防火設備・排煙設備
Part5 防犯設備
Part6 セキュリティシステム

消火器の設置基準

消火器の設置基準

　消火器の設置基準は、歩行距離20m以下に１本設置されなければなりません。該当する防火対象物のどの部分からでも歩行距離20m以下に消火器が設置されているとのことになります。更に、電気設備、多量の火気を使用する場所、指定可燃物、少量危険物に関係するような場所へは、付加設置分として各々必要な本数を設置します。

　一方、該当する防火対象物に必要な能力単位を計算します。必要能力単位により一般建屋は普通（A）火災、危険物施設は油（B）火災、電気設備は電気（C）火災が対象となり、防火対象物の用途により能力が定められ、１単位/50㎡、１単位/100㎡、１単位/200㎡と３種類あり、耐火構造の場合、１単位/２倍㎡と緩和されます。また、大型消火器や消火設備を設置している場合、必要能力単位は緩和されます。必要能力単位に付加設置分を加算した能力単位以上の消火器を設置しなければなりません。ところが、ほとんどの場合、歩行距離20m以下に１本と付加設置分を設置すると当該能力単位以上になります。よって、日頃より歩行距離20m以下に１本と付加設置分の消火器があることを管理するのが重要なことになります。

　消火器は、床面から1.5m以下に設置し、薬剤の変質または噴出する恐れの少ない所に設置し、設置場所が一目でわかるように「消火器」を表示した標識板を設置します。

消火器の使用方法

　消火器は初期消火に最も有効な器具ですので、下記の使用方法をよく身につけて下さい。
（１）黄色の安全栓を引き抜く
（２）ホースをはずし火元に向ける
（３）レバーを握る

　消火器の効果的な消火方法は、火災の火元をほうきで手前から掃いていくように消火して下さい。炎の下部に消火薬剤が挿入され、消火薬剤の負触媒作用、窒息作用が効果的に働き、効率よく消火できます。

使用上の注意点について

　消火器は初期消火をする器具のため消火能力も限度があります。消火器での消火が可能な火災の目安は、室内では、火柱が天井に届くまでです。

　消火の際は、火に近づき過ぎないようにしてください。消火開始時には、３m程度の距離を保ち、炎がおさまるにつれて接近してください。

　消火に際しては逃げ道を確保し、室内では、出口を背にして消火をしてください。屋外での消火は風上から消火してください。

消火器の設置基準

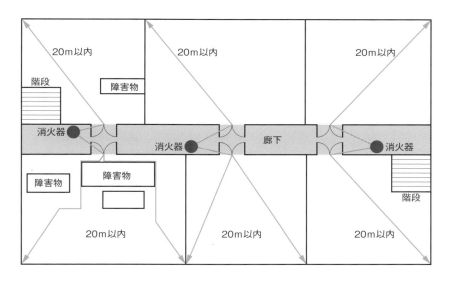

消火器の使用方法例

小型消火器

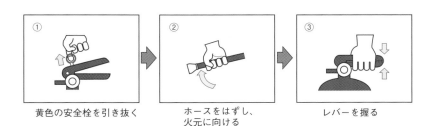

① 黄色の安全栓を引き抜く

② ホースをはずし、火元に向ける

③ レバーを握る

大型消火器（50型）

① 安全栓を引き抜き起動レバーをたおす

② ホースをはずしノズルを火元に向ける

③ ノズルレバーを開く

| トラブル事例 | 消火器使用時に黄色の安全栓を引き抜かず、レバーを「火事場の馬鹿力」で握りつぶし、結果的に消火薬剤が出ないというケースがよくあります。 |

Part1 消防用設備と法律

Part2 消火設備

Part3 火災報知設備・避難設備

Part4 防火設備・排煙設備

Part5 防犯設備

Part6 セキュリティシステム

屋内消火栓設備

屋内消火栓設備の仕組み

屋内消火栓設備は、初期、中期火災の消火を目的としたもので、非常電源、水源、加圧送水装置、屋内消火栓箱、起動装置、消火栓弁、ホース、ノズル、補助高架水槽で構成されています。

屋内消火栓は放水性能や操作方法によって1号消火栓、易操作性1号消火栓、2号消火栓の3種類があります。

1号消火栓は、消火栓箱内部および直近に設置された起動装置を操作し、加圧送水装置を起動させます。ホースを全て取出し伸ばし、1名がノズルを持ち、もう1名が消火栓弁を開放し水を放水します。放水操作には2人以上必要になります。

易操作性1号消火栓は、ホースが保形ホースとなっており、まず、消火栓弁を開けると自動的にポンプが起動し、ホースを必要なだけ伸ばし、ノズルの先の開閉バルブを開けると放水できるようになっています。1人でも放水ができる仕組みとなっています。

2号消火栓は、易操作性1号消火栓と同様の操作方法で、放水量が1号消火栓の半分以下で小型化されており、熟練者でなくても操作ができるようにしたものです。旅館やホテル、社会福祉施設、病院などの就寝施設にあっては、夜間などにおいて初期の消火対応に有効に使用できるように操作が容易な2号消火栓が望ましいといわれています。ただし、工場または作業場、倉庫、指定可燃物取扱い貯蔵所の用途については、設置できません。

1号消火栓(易操作性1号消火栓も含む)は、該当防火対象物の階ごとにその階の各部から消火栓のホースの接続部まで水平距離25m以下に包含できるように設置し、放水量は130ℓ/分(加圧送水装置の放水量は150ℓ/分)で、放水圧力は0.17MPa以上0.7MPa以下で、20分間放水できる水源量(2.6㎥)が必要になります。2号消火栓は、水平距離15m以下で包含し、放水量は60ℓ/分(加圧送水装置の放水量は70ℓ/分)で放水圧力は0.25MPa以上0.7MPa以下で、20分間放水できる水源量(1.2㎥)が必要になります。

どちらの消火栓も1つの階で2つの消火栓が同時に使用できる能力を持たなければなりません。加圧送水装置の放水量ならびに水源水量は上記の能力の2倍が必要になります。1つの場合は、1つを使用できる能力になります。

加圧送水装置は、各消火栓より起動できなければなりませんが、停止は、加圧送水装置の制御盤でしかできません。

平成14年3月12日消防庁告示により消防用ホースについて、製造年より10年経過したものについては耐圧性能試験を実施しなければならなくなっていますが、この対象は、1号消火栓のホースで、保形ホースは対象外です。

Part1 消防用設備と法律

Part2 消火設備

Part3 火災報知設備・避難設備

Part4 防火設備・排煙設備

Part5 防犯設備

Part6 セキュリティシステム

屋内消火栓の種類

1号消火栓

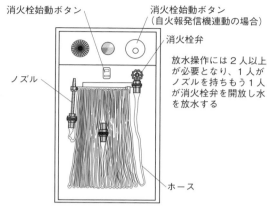

消火栓始動ボタン

消火栓始動ボタン
（自火報発信機連動の場合）

消火栓弁

ノズル

ホース

放水操作には2人以上
が必要となり、1人が
ノズルを持ちもう1人
が消火栓弁を開放し水
を放水する

易操作性1号消火栓

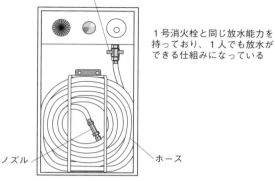

消火栓弁
起動スイッチ付

ノズル

ホース

1号消火栓と同じ放水能力を
持っており、1人でも放水が
できる仕組みになっている

2号消火栓

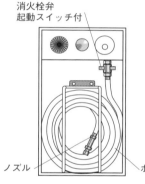

消火栓弁
起動スイッチ付

ノズル

ホース

放水量が1号消火栓の
半分以下に小型化され
ており、熟練者でなく
ても操作ができる

屋内消火栓設備の設置基準

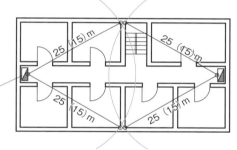

25（15）m

25（15）m

25（15）m

25（15）m

屋内消火栓

該当防火対象物からホースの接続部まで
1号消火栓、易操作性1号消火栓は25m
以下に、2号消火栓は15m以下の水平距
離に包含できるように設置する

屋内消火栓設備の種類と能力（消防法施行令11条3）

	操作人数	水平距離	放水量 （加圧送水装置吐量出）	放水圧力	水源量
1号消火栓	2人以上必要	25m 以下	130ℓ／1分 （150ℓ／1分）※	0.17MPa 以上 0.7MPa 以下	2.6m³※
易操作性1号消火栓	1人でもできる				
2号消火栓	1人でもできる	15m 以下	60ℓ／1分 （70ℓ／1分）※	0.25MPa 以上 0.7Mpa 以下	1.2m³※

※当該階に消火栓が2基以上ある場合は、各2倍の能力・容量が必要です

用語解説 保形ホース……消防用ホースで、チューブ状になったホース。必要な長さだけ引き出しても水
を通して放水することができる。

スプリンクラー設備①

スプリンクラー設備の仕組み

スプリンクラー設備は、火災が発生したエリアの天井に設置したスプリンクラーヘッドから、自動で水が放水され消火を行う、非常に有効な消火設備です。よって、火災が発生した場合、被害が大きくなる用途（一定規模以上の特定防火対象物）や消火活動が困難な用途（指定数量の高い指定可燃物）、場所（11階以上の場所、一定規模以上のラック倉庫）に設置が義務付けられています。

この設備の代表的な閉鎖型（湿式）の設備構成は、水源、加圧送水装置、圧力タンク、制御弁、流水検知装置、スプリンクラーヘッド、補助散水栓、スプリンクラー専用放水口、補助高架水槽、配管、非常電源で構成されています。常時、配管内は一定の水圧がかかっており、火災時、スプリンクラーヘッドの先端の合金が溶けて開放され放水します。放水により配管内の水圧が減少し、加圧送水装置の近くに設置されている圧力タンクの圧力スイッチが作動し、加圧送水装置が起動します。一方、流水検知装置が流水を検知し、自動火災報知設備受信機などへスプリンクラーが作動している区画の警報を出力します。このようにして断続的にスプリンクラーヘッドより放水がされます。消火後は、放水区画の制御弁を閉めることで放水が停止されます。スプリンクラー設備は、非常に有効な消火設備ですが、消火後は水損を減らすためにも制御弁での停止措置が重要になるので、日頃より制御弁の位置の確認と操作ができやすいように管理が必要です。補助散水栓は、屋内消火栓の2号消火栓と同等で、スプリンクラーヘッドが免除されている部分を包含できるように設置されています。

スプリンクラー設備の設置基準（閉鎖型・湿式の場合）

スプリンクラーヘッドには、標準型ヘッド（有効散水半径2.3m）、高感度型ヘッド（感知種別が1種で有効散水半径2.6m以上）、小区画型ヘッド（水平距離2.6m以下でかつ1つのヘッドの防護面積が13㎡以下）、側壁型ヘッド（水方向の両側1.8m以下、かつ前方に3.6m以下を包含）があります。各々該当建物の構造用途に応じて包含する水平距離が定められており、それに準じて配置されます。

放水量は、標準型ヘッド、高感度型ヘッド、側壁型ヘッドとも80ℓ/分で、小区画型ヘッドは50ℓ/分で、放水圧力は全て0.1MPa以上となります。

必要水源水量は、標準型ヘッドの場合、百貨店などの用途を含む建物の場合24㎡、百貨店などの用途を含まない建物で10階以下の建物は16㎡、同11階以上では24㎡必要となります。

Part1 消防用設備と法律

Part2 消火設備

Part3 火災報知設備・避難設備

Part4 防火設備・排煙設備

Part5 防犯設備

Part6 セキュリティシステム

スプリンクラー設備の構成

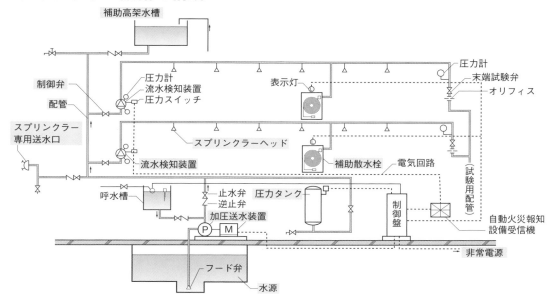

スプリンクラーヘッドの設置基準（閉鎖型）(消防法施行規則13条の2〜13条の6)

	有効散水半径	感度種別	ヘッドの配置		設置水平距離（半径）	放水性能
標準型	2.3 mまたは1種 (2.3 mの2種使用可) (2.6 mの2種は不可)		一般防火対象物	耐火建築物	2.3 m以下	放水圧力　0.1MPa 以上 放水量　80ℓ／分以上
				耐火建築物以外	2.1 m以下	
			地下街	厨房	1.7 m以下	
				その他	2.1 m以下	
			準地下街	厨房	1.7 m以下	
				その他・耐火建築物	2.3 m以下	
				その他・耐火建築物以外	2.1 m以下	
			指定可燃物を取り扱う場所		1.7 m以下	
高感度型	2.6 m以上	1種	一般防火対象物	耐火建築物	有効散水半径以下	放水圧力　0.1MPa 以上 放水量　80ℓ／分以上
				耐火建築物以外	0.9 ×有効散水半径以下	
			地下街	厨房	0.75 ×有効散水半径以下	
				その他	0.9 ×有効散水半径以下	
			準地下街	厨房	0.75 ×有効散水半径以下	
				その他・耐火建築物	有効散水半径以下	
				その他・耐火建築物以外	0.9 ×有効散水半径以下	
			指定可燃物を取扱う場所		0.75 ×有効散水半径以下	
小区画型	2.6 m以上	指定なし	5項・6項の防火対象物の用途部分で、宿泊室・病室に類する部分		2.6 m以下 防護面積 13㎡以下	放水圧力　0.1MPa 以上 放水量　50ℓ／分以上
側壁型	ヘッドの両側各1.8m以下前方3.6m以下	指定なし	5項・6項の防火対象物の用途部分で、宿泊室・病室および廊下・通路に類する部分		ヘッドの両側各 1.8m 以下前方 3.6m 以下	放水圧力　0.1MPa 以上 放水量　80ℓ／分以上

トラブル事例　流水検知装置のスプリンクラーヘッド側の配管の水圧が配管の周りの影響で1MPaを超えて高くなっている場合があります。特に夏より冬に高くなるところもあります。漏水事故の可能性にもつながりますので、適宜確認し調整を行うことが必要です。

スプリンクラー設備②

スプリンクラー設備の種類

スプリンクラー設備には、一般的な方式の「閉鎖型」、舞台部分などに使用される「開放型」、高天井部分に使用される「放水型」、「特定施設水道連結型スプリンクラー設備」があり、閉鎖式の中でも「湿式」、「乾式」、「予作動式」があります。「湿式」については、前項で説明したとおりです。

乾式は、寒冷地などで配管の凍結による被害を防ぐために設置される方式です。流水検知装置・閉鎖型スプリンクラーヘッド間を加圧水の替わりに圧縮空気などを充填するとともに、流水検知装置よりスプリンクラーヘッド側の配管内の圧力を適切に保持させるためにエアコンプレッサーなどの加圧装置を設けるほか、配管内の残水を完全に排水できるように、流水検知装置よりスプリンクラーヘッド側へ上がり勾配になるような配管を設置します。更に、スプリンクラーヘッド開放後1分以内に確実に水が放水されるように、排気装置、流水検知装置の急速開放装置などを設けています。

予作動式は、地震やスプリンクラーヘッドに強い衝撃がかかった時に誤ってヘッドが開放し放水され著しい水損の被害が懸念される場所に設置される方式です。構成は、乾式に火災感知設備が付け加えられたもので、火災感知器が作動し、更にスプリンクラーヘッドが開放されると放水される仕組みとなっており、ヘッドが開放しただけでは制御弁のシリンダーは動かない仕組みとなっています。

開放型は、劇場などの舞台部は消防法上開放型で設置することになっています。スプリンクラーヘッドは火災感知用の合金部がなく開放状態となっており、流水検知装置のスプリンクラーヘッド側に一斉開放弁が設置されており、一斉開放弁からスプリンクラーヘッドまでの配管は空管状態となっています。自動火災報知設備の火災警報で一斉開放弁が開き放水されるようになっています。

放水型は、高天井で大規模な室内空間に対して、床面での火災を炎感知器などで有効に感知し、固定式もしくは可動式の放水型ヘッドより広範囲に大容量の放水を行う方式です。放水型ヘッドは消防庁長官が定める性能を有し、放水区域の床面積1㎡につき、指定可燃物にあっては10ℓ/分、その他は5ℓ/分の放水量が必要になります。

特定施設水道連結型スプリンクラー設備は、平成18年1月長崎県で発生した認知症高齢者グループホーム火災により法が改正された275㎡以上1,000㎡未満で設置されるスプリンクラー設備です。水道管を利用して設置するので、コストが安く施工できますが、工事にあたり、消防法だけではなく水道法、建築基準法の適用も受けることがあります。

スプリクラー設備の種類

閉鎖型 | 湿 式

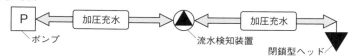

流水検知装置からヘッド側も加圧水が充填されており、閉鎖型ヘッドが火災で開放されると減水し、流水検知装置の弁が開きポンプが起動し開放されたヘッドから放水される

乾 式

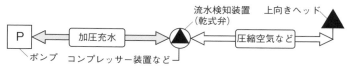

流水検知装置からヘッド側は圧縮空気が充填されており、閉鎖型ヘッドが火災で開放されると圧縮空気が放出し、乾式弁が開きポンプが起動し開放されたヘッドから放水される

予作動式

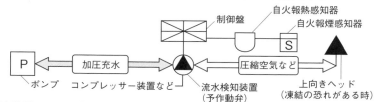

流水検知装置からヘッド側は圧縮空気が充填されており、閉鎖型ヘッドが火災で開放されると圧縮空気が放出し、更に感知器の信号が入ると予作動弁が開きポンプが起動し開放されたヘッドから放水される

開放型

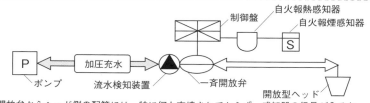

一斉開放弁からヘッド側の配管には、特に何も充填されておらず、感知器の信号が入ると一斉開放弁が開き、ポンプが起動し開放型ヘッドから放水される

放水型

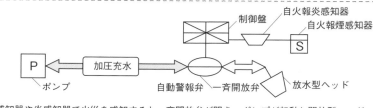

煙感知器や炎感知器で火災を感知すると一斉開放弁が開き、ポンプが起動し開放型ヘッドから放水される

特定施設水道連結型スプリクラー設備

閉鎖型ヘッドが火災により開放され、水道圧力にて放水し消火される。15ℓ／分放射するヘッドが4個同時放水をする放水量が必要になる

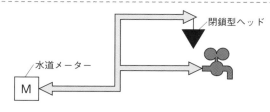

用語解説 指定可燃物……わら製品、木毛、石炭、合成樹脂類、その他の物品で火災が発生した場合にその拡大が速やかであり、消火の活動が著しく困難となるものとして政令で定めるもの。

Part1 消防用設備と法律
Part2 消火設備
Part3 火災報知設備・避難設備
Part4 防火設備・排煙設備
Part5 防犯設備
Part6 セキュリティシステム

水噴霧消火設備

水噴霧消火設備の仕組み

　水噴霧消火設備は、噴霧ヘッドから水を噴霧状に放射して火災を消火するもので、冷却作用と空気を希釈もしくは遮断する窒息作用をもっています。また、油と水が混ざり、油の表面に一時的に白濁状の浮遊物が生じ液面を覆い油の蒸発を抑え消火する作用（エマルジョン効果）もあります。水噴霧消火設備が適用される部分は、指定可燃物および駐車の用に供する部分、道路と建築物が一体とみなされた道路の部分、危険物施設で水噴霧消火が消火に有効とみなされた部分、また、高圧ガス保安法にて対象となった施設に対する消火設備として使用されます。

　システムの構成は、スプリンクラー設備とほぼ同じとなり水源、加圧送水装置、ストレーナー（網目で異物を除去する機器）、制御弁、流水検知装置、一斉開放弁、感知ヘッド、噴霧ヘッド、手動起動装置、補助高架水槽、排水設備、非常電源などから構成されます。

　床面積（または、対象部分）1㎡あたりの放水量は、指定可燃物の場合10ℓ/分、駐車場・道路の用に供する部分、危険物施設関係は20ℓ/分、高圧ガス保安法によるものは5ℓ/分です。放水圧力および水源水量は、指定可燃物、駐車場、道路の用に供する部分は、噴霧ヘッドの設計圧力によるものとなっており、水源水量は、対象面積×放水量/分×20分＋配

管内充水量（対象面積が50㎡未満の場合は、対象面積を50㎡とする）が必要となります。危険物施設関係、高圧ガス保安法によるものは、0.35MPa以上となっており、水源水量は、対象面積×放水量/分×30分＋配管内充水量が必要となります。

水噴霧ヘッド

　水噴霧ヘッドは、水の直線流またはらせん流を衝突させ、かつ、拡散させることによって水を噴霧状にするものです。水の粒子はスプリンクラー設備より細かいため、放射距離が離れすぎると、水粒子の速度が低下し、火勢の強い場合には噴霧水が吹き飛ばされることがあるので、防護対象物とヘッドの間は、6m以内にすることが望ましいといわれています。

　駐車場または道路の用に供する部分については、車の燃料タンクの燃料の流出防止をするために排水設備を備えなければなりません。排水溝に向かって2/100以上の勾配をつけ、駐車場については車路に接する部分を除き、高さ10㎝以上の区画境界堤を設ける必要があります。火災危険の少ない場所に油分離装置付の消火ピットを設け、消火ピット内で油を完全に分離して排水し、油を下水などに流出させないようにしなければなりません。道路の用に供される部分については、排水溝40m以内に1個集水管を設けて消火ピットに連結しなければなりません。

水噴霧ヘッド

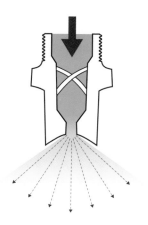

水の直接流またはらせん流を衝突させ噴霧状に放射させる

区画境界堤

区画境界堤

排水溝

10cm 以上

床勾配 2/100 以上

車の燃料タンクの燃料流出防止をするために排水溝に向かって 2/100 以上の勾配をつける

消火ピット

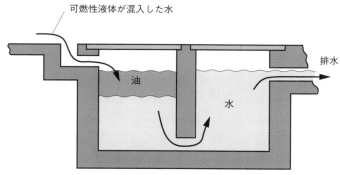

可燃性液体が混入した水

排水

油

水

火災危険の少ない場所に設け油を完全に分離して排水を行う

| トラブル事例 | 水噴霧消火設備は、ヘッドの構造上ごみが詰まると噴霧状に放水されない可能性があり、ストレーナーの清掃確認、また、排水設備、油分離装置の清掃確認も実施が必要となります。 |

Part1 消防用設備と法律

Part2 消火設備

Part3 火災報知設備・避難設備

Part4 防火設備・排煙設備

Part5 防犯設備

Part6 セキュリティシステム

泡消火設備①

泡消火設備の種類

泡消火設備は、水と泡消火薬剤3〜6%を混合させ、その泡消火水溶液を泡ヘッドや泡ノズルから放出させる時に空気を取り込み発泡させ、燃焼物を覆い窒息消火と冷却消火により消火します。

泡消火設備のシステム構成は、水源、加圧送水装置、泡タンク貯蔵槽（泡消火薬剤）、泡混合器、放出口から構成されます。

泡消火設備は、設置する防火対象物によって、泡消火薬剤、放出口、更に混合方式にも違いがあります。発泡倍率の違いでも低発泡（発泡倍率20倍以下）と高発泡（発泡倍率80倍以上1,000倍未満）があり、大方のシステムは低発泡です。

泡消火薬剤は大別して3タイプあります。「タンパク泡消火薬剤」は、動物性タンパク質の加水分解物で、発泡倍率は6〜8倍程度です。おもに危険物用の消火薬剤として使用されます。経年変化が速く、保存期間が比較的短い薬剤です。「水成膜泡消火薬剤」は、フッ素系界面活性剤をベースにした泡消火薬剤で、発泡倍率は5〜10倍です。流動性に富み長期間保存が可能です。おもに駐車場などの泡消火設備に使用されています。「合成界面活性剤泡消火薬剤」は、界面活性剤を主成分とする薬剤で、発泡倍率は、高膨張発泡器で放出した場合、80〜1,000倍にも達します。

泡混合方式には数方式ありますが、大部分で「プレッシャー・プロポーショナー方式」が採用されています。ポンプから送水した水の一部が泡タンク貯蔵槽に入り、泡消火薬剤を押し出すと同時に、泡タンク貯蔵槽の泡原液の出口の混合器で、ベンチュリー作用により送水している水に指定の混合率で吸入させる方式です。この方法は、泡タンク貯蔵槽が送水の流入で加圧されるので、約1MPaの耐圧性能が必要になります。

「プレッシャー・サイド・プロポーショナー方式」は、泡原液を専用のポンプで送液し、混合器で混合する方式で、「ポンププロポーショナー方式」は、消火ポンプの吸管側より消火用水と一緒に泡原液を吸い込む方式です。この2つの方式では泡タンク貯蔵容器に圧力がかからないために、泡原液量の貯蔵量の多い設備や泡消火薬剤を搭載している化学消防自動車などに採用されています。

泡消火設備には放出方式の違いで、6タイプあります。「泡ヘッド」は天井部などに設置された泡ヘッドより放射される方式で、「移動式泡消火栓」は消火栓方式で泡ノズルより泡を放射する方式です。「エアフォームチャンバー」、「SSI（油面床方式）」は危険物屋外タンクなどへの泡の放射方式です。バースなどに設置する「泡モニター」や「高発泡方式」などがあります。

Part1 消防用設備と法律

Part2 消火設備

Part3 火災報知設備・避難設備

Part4 防火設備・排煙設備

Part5 防犯設備

Part6 セキュリティシステム

泡消火薬剤の種類

泡消火薬剤	発泡倍率	放射方式	おもな設置場所
タンパク泡消火薬剤	低発泡	移動式泡消火栓	危険物施設
		泡ヘッド	駐車場 危険物施設
水成膜泡消火薬剤		エアフォームチャンバー	危険物
		SSI（油面床方式）	屋外タンク貯蔵所
		泡モニター	危険物施設のバースなど
合成界面活性剤泡消火薬剤	高発泡	高発泡方式	ラック式倉庫

泡混合方式

プレッシャー・プロポーショナー方式

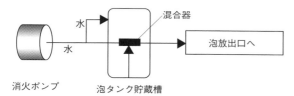

消火ポンプから送水した水の一部が泡タンク貯蔵槽に入り、混合器で送水している水に指定の混合率で消火原液を吸入混合させる方式

プレッシャー・サイド・プロポーショナー方式

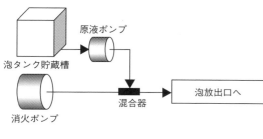

泡原液を専用の原液ポンプで送液し、混合器でポンプより送水された水に指定の混合率で原液を混合させる方式

ポンププロポーショナー方式

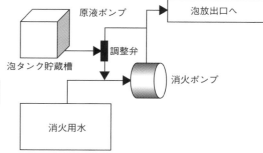

消火用水と泡原液を一緒に吸い込む方式で泡タンクに圧力がかからないため泡原液量の多い設備などに使われる方式

用語解説　ベンチュリー作用……流体の流れを絞り断面積を狭め流速を増加させると、低い圧力が発生する現象。
バース……船舶を係留できる施設を施した所定の停泊場所。一般的には「船席」と称されている。

泡消火設備②

泡ヘッド方式

泡ヘッド方式は、駐車場に設置されている泡消火設備の方式で、システムの構成は、水源、加圧送水装置、ストレーナー、泡消火薬剤貯蔵槽、泡混合器、制御弁、流水検知装置、一斉開放弁、感知ヘッド、泡ヘッド、手動起動装置、非常電源などから構成されます。泡原液貯蔵槽からの２次側の消火配管内には、常時一定の水圧がかかった泡水溶液が充水されています。減圧時に開放する一斉開放弁の２次側に設置されている感知ヘッドが、火災時に先端の合金が溶けて開放され放水減圧することで、該当区画の一斉開放弁が開き、配管内の水圧が減少し、加圧送水装置の近くに設置されている圧力タンクの圧力スイッチが作動し、加圧送水装置が起動します。一方、制御弁にある流水検知装置が流水を検知し、自動火災報知設備受信機などへ泡消火設備が作動している区画の警報を出力します。消火後は、放水区画の制御弁を閉めることで放水が停止されます。

泡の放射区域については、一斉開放弁で分けられますが、駐車場や自動車整備工場については、50㎡以上100㎡以下とされ、泡ヘッドは床面積９㎡につき１個以上の個数で配置します。泡ヘッドからの放射量は、薬剤により異なり、一般的な水成膜泡消火薬剤の場合3.7ℓ/分・㎡以上で10分間以上放水できる薬剤量と水源水量が必要となります。尚、危険物施設に設置する泡ヘッド方式は、放射区画が100㎡以上で、放射量は6.5ℓ/分・㎡以上となっています。

エアフォームチャンバー方式

エアフォームチャンバー方式は、危険物屋外タンク貯蔵所に設置される方式で、システムの構成は、水源、加圧送水装置、ストレーナー、泡消火薬剤貯蔵槽、泡混合器、バルブヘッダー、ライザストレーナー、エアフォームチャンバー、デフレクター、非常電源などから構成されます。

消火ポンプにより受水槽より水を汲み上げ送水します。泡混合器（プレッシャー・プロポーショナー）を水が通過する時、水の一部が泡原液貯蔵槽に送水されその水圧で泡原液が押し出され混合器の部分で一定の比率で流水と混合され泡水溶液ができます。泡水溶液は配管を通じて流れていき、タンク上部につけられているエアフォームチャンバー内を泡水溶液が通過する時に、ジェット流により外部の空気を吸い入れ激しく攪拌し、空気を核とした大量の泡を発生させます。発泡した消火薬剤は、タンク内部に設けられたデフレクターにあたり、タンク側面に沿って危険物液面に注がれ消火します。

Part1 消防用設備と法律

Part2 消火設備

Part3 火災報知設備・避難設備

Part4 防火設備・排煙設備

Part5 防犯設備

Part6 セキュリティシステム

泡ヘッド方式

記号	名称	記号	名称	記号	名称	記号	名称
（流水検知装置）	流水検知装置ユニット	▲	感知ヘッド	▭	混合器	▐▨▨▨▐	フレキシブルチューブ
		⊠◁ ◎◁	一斉開放弁ユニット	─▷◁─	ゲート弁		
⬭	泡ヘッド	(:)	手動起動装置	─▷▷─	チャッキ弁		

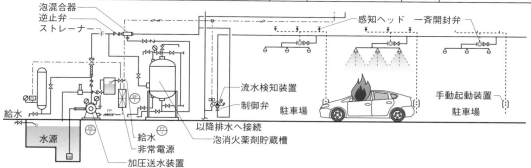

泡混合器
逆止弁
ストレーナー
給水
水源
給水
非常電源
加圧送水装置
感知ヘッド　一斉開封弁
流水検知装置
制御弁　駐車場
以降排水へ接続
泡消火薬剤貯蔵槽
手動起動装置
駐車場

エアフォームチャンバー方式

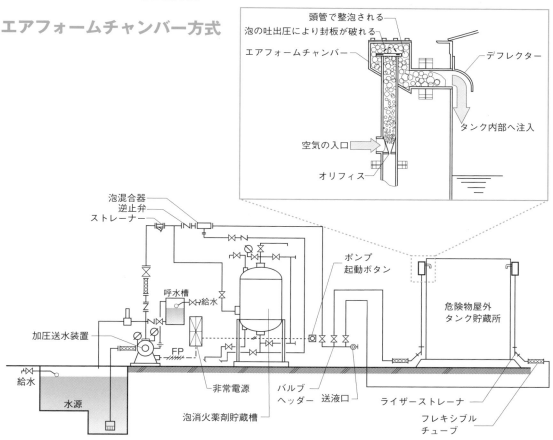

頭管で整泡される
泡の吐出圧により封板が破れる
エアフォームチャンバー
空気の入口
オリフィス
デフレクター
タンク内部へ注入

泡混合器
逆止弁
ストレーナー
加圧送水装置
呼水槽　給水
FP
給水
水源
非常電源
泡消火薬剤貯蔵槽
ポンプ起動ボタン
バルブヘッダー　送液口
危険物屋外タンク貯蔵所
ライザーストレーナ
フレキシブルチューブ

トラブル事例　泡消火設備は泡混合器、エアフォームチャンバーなど配管の途中が狭まっている箇所があり、配管内を異物が流れ引っ掛かり正常な泡が出ないことがあります。そのためにストレーナーは定期的に開放し清掃が必要です。

不活性ガス消火設備

不活性ガス消火設備の種類

不活性ガス消火設備は、二酸化炭素消火薬剤を使用するものと、ハロン消火薬剤に代替する、窒素ガス消火薬剤、IG55消火薬剤（窒素50、アルゴン50）などがあります。二酸化炭素消火薬剤は、窒息効果と冷却効果にて消火をしますが、窒素ガスおよびIG55は窒息効果のみで消火をすることから、短時間に大量の消火薬剤を放射するために、対象区画の壁、天井、ガラスなどが区画内の気圧の急激な上昇に耐えうる強度を有していることが必要で、避圧ダンパーなども設置されます。二酸化炭素消火薬剤を使用するものだけが移動式があり、ほかは固定式のみです。

固定式の中で、対象とする区画全体をカバーする全域放出方式と対象とする部分のみに放射する局所放出方式があります。

不活性ガス消火設備のシステム

不活性ガス消火設備のシステムは、火災感知装置、起動装置、制御装置、非常電源、音響警報装置、起動用ガス容器、消火ガス貯蔵容器、選択弁、配管、閉止弁、放出表示灯、放射ヘッドから構成され、防護区画には放出ガスの排出措置、保安装置などの措置が講じられています。

消火設備は自動と手動に切り替えられ、自動時は、光電式スポット型感知器と定温式スポット型感知器など感度の違う感知器を別回路で配置し、どちらの回路も発報すると消火設備が起動します。全域放出方式の場合、火災が発した区画を密閉状態にしなければならないので、消火設備の起動がかかると換気装置の停止、シャッターや防火戸が閉鎖されます。更に、対象区画およびその区画と隣接している区画に消火ガスを放出するので退避するように退避放送が流れ、対象区画内からの退避のために20秒以上（CO_2の場合）の遅延装置が働きます。この時間内に起動装置の非常停止ボタンを押すと起動が停止します。遅延時間が過ぎると対象区画の起動用ガス容器が電磁弁開放器で起動し、起動用ガスが対象区画の選択弁を開け、対象区画のガス貯蔵容器の容器弁開放装置を起動させ消火ガスを放出させます。消火ガスの一部は、操作導管を通じてダンパーなどを閉鎖させ、圧力スイッチを起動し放出表示灯を点灯させます。消火ガスは、配管を通じノズルから均等に放射されます。火災が鎮火後、専用の消火ガス排出装置にて放出した消火ガスを安全に大気へ放出させます。

消火薬剤貯蔵容器の容器弁の劣化でガスが突然放出する事故があり、平成21年に不活性ガス消火設備の薬剤貯蔵ボンベの容器弁について、設置後15年経過したものについては、設置後20年までに、容器弁の安全性を確認するための点検を実施しなければならなくなりました。

Part1 消防用設備と法律

Part2 消火設備

Part3 火災報知設備・避難設備

Part4 防火設備・排煙設備

Part5 防犯設備

Part6 セキュリティシステム

不活性ガスによる操作の流れ

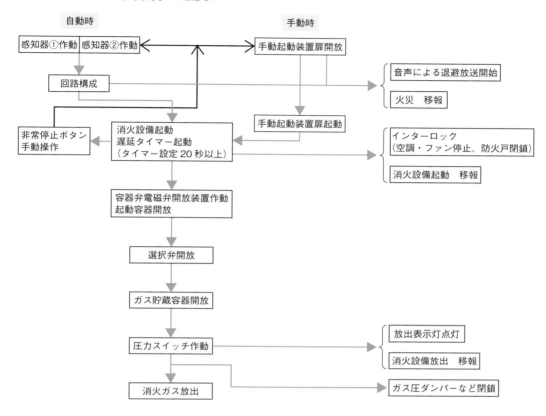

容器弁の構造

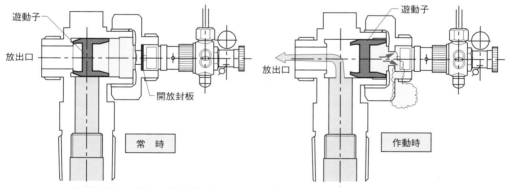

貯蔵容器に充填された消火剤が漏れないよう貯蔵させるためのバルブで常時、容器内圧力が遊動子の前後に作用し、面積比の関係で遊動子は出口側におされてバルブは閉となる。封板を切矢が破ると遊動子の後部のガスが破板した穴から外部に抜けるため遊動子の後部のガス圧がゼロとなり、圧力バランスが崩れて遊動子が後退してバルブが開き、ガスがバルブより放射する。

用語解説　避圧ダンパー……通常の室内気圧の場合は閉鎖しており、消火薬剤放出時に一定以上になると圧力を屋外に逃がすために自動的に開放され、一定圧力以下になると自動的に閉鎖するダンパー。

ハロゲン化物消火設備

ハロゲン化物消火薬剤

　ハロゲン化物とは、フッ素、塩素、臭素などのハロゲン系列の元素を１個以上含んでいる化合物で、ハロゲン化物消火薬剤は、ハロゲン系列の原子と炭素原子の結合の仕方により、ハロン1301、ハロン1211、ハロン2402があります。ハロゲン化物消火薬剤は、沸点が低く常温で空気の約５倍の重量をもつ不燃性ガスで、火面に注がれると著しい負触媒作用を発揮し化学連鎖反応を中断させ、また、消火薬剤が炎の中に入り酸素と置換することによる窒息効果が負触媒作用を助け消火が行われます。ハロゲン化物消火薬剤を、単純に設置ボンベ本数で比較すると、代表的なハロゲン化物消火薬剤であるハロン1301を１本とすると二酸化炭素消火薬剤は3.5本（82.5ℓ容器）必要となります。更に人体に対する影響は、二酸化炭素の場合、濃度が7～9％で許容限界となり約15分で意識不明になるほど悪影響をおよぼしますが、ハロン1301の場合、7～10％で１分以内なら耐えられ、数分間で目まいなどが現れる程度です。このようなことから、ハロゲン化物消火薬剤は、安全で非常に優れた消火能力を持っている消火薬剤として多方面で使用されていました。しかし、ハロゲン化物消火薬剤は、「オゾン層を破壊する物質に関するモントリオール議定書」において、平成6年より生産が全廃され輸入も禁止されました。

　尚、ハロゲン化物消火薬剤の使用は禁止されていないので、現在、「消防環境ネットワーク（NPO法人）」が、既に生産されたハロンの大気への放出を防止するとともに、人がいる部分でハロゲン化物消火薬剤以外の消火設備では対応ができない場合などの需要に応えるための、回収、再生、リサイクルを進めています。

　不要となったハロンを回収する場合、防火対象物の関係者は、10日前までに所轄の消防署または、「消防環境ネットワーク」まで連絡し、「データベース報告書（回収）」に必要事項を記入し提出することとなっています。

　新規にハロン消火設備を設置する場合、「ハロン消火剤を用いるハロゲン化物消火設備・機器の使用抑制等について」の消防の通知によるクリティカルユース（必要不可欠用途）の判断基準が明確になり、その判断に従い計画をし、「消防環境ネットワーク」へ供給の申請を行います。

システムの構成

　消火設備のシステムは、不活性ガス消火設備と同じです。

　また、ハロン消火薬剤貯蔵容器についても平成21年より、対象となる容器弁の安全性を確認するための点検を実施しなければならなくなりました。

Part1 消防用設備と法律

Part2 消火設備

Part3 火災報知設備・避難設備

Part4 防火設備・排煙設備

Part5 防犯設備

Part6 セキュリティシステム

ハロゲン化物消火薬剤の種類と性質

品種	ハロン 1301	ハロン 1211	ハロン 2402
フロン番号	13B1	12B1	―
名称	BTM	BCF	DTE
化学式	$CBrF_3$	$CBrClF_2$	$C_2Br_2F_4$
種類	一臭化三フッ化メタン	一臭化一塩化二フッ化メタン	二臭化四フッ化エタン
沸点（1 atm 時）	− 57.75℃	− 3.4℃	47.3℃
消火能力（倍率）	2.14	1	1.21
常温での状態	気体	気体	液体
その他	おもに消火薬剤として使用		アルミニウム合金への腐食、ゴムへの膨張をおよぼす

ハロン1301における人体への影響

濃度	人体への影響
7％以下	5分以内なら中性神経系統への影響はほとんどない
7〜10%	1分以内なら耐えられる。数分間でめまい、調整生涯、知覚の低下が現れる
10〜15%	30秒以上で耐えられなくなる
15〜20%	長時間で失神、死亡の恐れがある

ハロン1301消火設備の用途使用例（クリティカルユース）

使用用途の種類		用途例
通信機関係など	通信機室など	通信機械室、無線機室、電話交換室、磁気ディスク室、電算機室、テレックス室、電話局切換室、通信機調整室、データプリント室
	放送室など	TV中継室、リモートセンター、スタジオ、照明制御室、音響機器室、調整室、モニター室、放送機材室
	制御室など	電力制御室、操作室、制御室、管制室、防災センター、動力計器室
	フィルム保管庫	フィルム保管庫、調光室、中継台、VTR室、テープ室、映写室、テープ保管庫
	危険物施設の計器室など	危険物の施設の計器室
歴史的遺産など	美術品展示室など	重要文化財、美術品保管庫、展覧室、展示室
危険物	塗料など取扱所	塗装室
駐車場	自動車など修理場	自動車修理場
	駐車場など	自走式駐車場、機械式駐車場（防護区画内に人が乗り入れるものに限る）
その他	加工・作業室など	輪転機が存する印刷室
	研究試験室など	試験室、技師室、研究室、開発室、分析室、実験室、殺菌室、電波暗室、病理室、洗浄室、放射線室
	倉庫など	トランクルーム
	書庫など	書庫、資料室、図書室
	貴重品など	宝石、毛皮、貴金属販売室

ワンポイントアドバイス　クリティカルユースの判断に基づき新規でハロンの使用を計画する場合でも、事前に消火設備メーカーと相談をしておかないと各メーカーの保有量などで納期に間に合わないことなどが考えられるので、計画時十分に注意しておく必要があります。

粉末消火設備

粉末消火設備の仕組み

　ＡＢＣ粉末消火薬剤は、万能消火薬剤といわれるように、一部の特殊な対象物を除き、ほとんどのものが消火でき、ハンディタイプの粉末消火器がよく用いられる大きな理由となっています。この特徴を生かしながらシステムとして大型化されたのが粉末消火設備です。粉末消火設備は全域放出方式、局所放出方式、移動式があります。

　全域放出方式（加圧式）のシステム構成は、火災感知装置、手動起動装置、制御装置、非常電源、音響警報装置、起動用ガス容器、加圧用ガス容器、消火薬剤貯蔵容器、放出弁、定圧作動装置、クリーニング装置、選択弁、配管、噴射ヘッド、放出表示灯などから構成されています。

　粉末消火設備の起動方式は、不活性ガス消火設備と類似するところが多いですが、おもに次のような相違点があります。

①消火剤が固体粉末

②粉末消火剤を瞬時に均一に放出するためトーナメント配管をし、トーナメントになるように分岐を繰り返す間、流体を平均的に分流できるようにするために、配管の構成に応じて、ある離隔距離以上の管継手間隔としてその管径の20倍以上を確保するような配管をする必要がある

③放出後の配管などの残留消火剤をクリーニングする装置が必要となる。維持管理上重要な後作業であるために、使用後は必ず速やかにクリーニング操作を行う

④消火剤の種別に関係なく、加圧式または蓄圧式とすることができる（一般的には、加圧式が主流）

⑤加圧式の場合、固体粉末を効率よく配管を通じて噴射ヘッドから放出させるために、薬剤貯蔵容器を加圧ガスで一定圧力になるまで加圧し、一定の圧力になると定圧作動装置により放出弁を自動的に開放させ一挙に配管を通じて薬剤を放出させる

　粉末消火設備に使用される消火剤は、次の４種類あります。対象物が禁水性の危険物などの特殊な場合を除き、第三種粉末を使用します。

①第一種粉末（炭酸水素ナトリウム/Ｂ・Ｃ火災適用）、②第二種粉末（炭酸水素カリウム/Ｂ・Ｃ火災適用）、③第三種粉末（リン酸塩類等/Ａ・Ｂ・Ｃ火災適用）、④第四種粉末（炭酸水素カリウムと尿素との反応物/Ｂ・Ｃ火災適用）

　移動式粉末消火設備は、加圧用ガス容器、消火薬剤貯蔵容器、放出弁、ホース、ノズル、クリーニング装置で構成され、人がホースを伸ばしノズルより放射して消火する設備です。移動式粉末消火設備は人が介在するので、「火災時著しく煙が充満しない」ことが設置の条件となっています。

Part1 消防用設備と法律

Part2 消火設備

Part3 火災報知設備・避難設備

Part4 防火設備・排煙設備

Part5 防犯設備

Part6 セキュリティシステム

粉末消火設備の構成

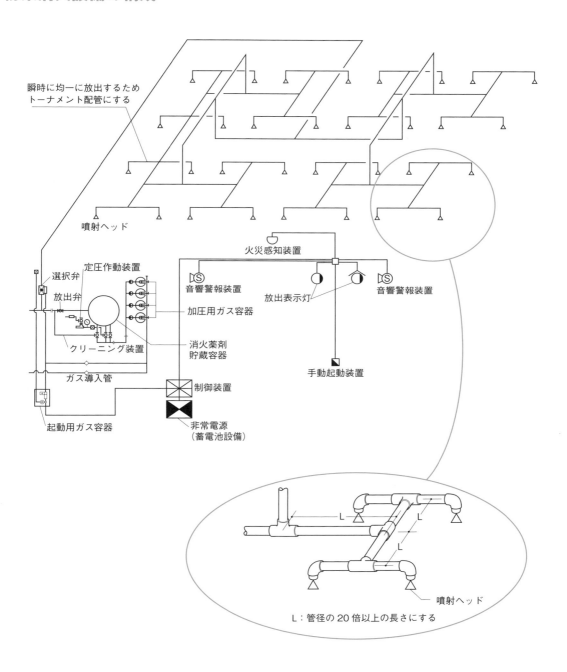

瞬時に均一に放出するため
トーナメント配管にする

噴射ヘッド

火災感知装置

音響警報装置

放出表示灯

音響警報装置

選択弁

定圧作動装置

放出弁

加圧用ガス容器

クリーニング装置

消火薬剤
貯蔵容器

ガス導入管

手動起動装置

制御装置

起動用ガス容器

非常電源
（蓄電池設備）

噴射ヘッド

L：管径の20倍以上の長さにする

ワンポイント アドバイス	危険物施設に設置する粉末消火設備は、第三種粉末で、りん酸アンモニウム90％以上含有の薬剤を使用しなければなりません。

屋外消火栓設備

屋外消火栓設備の設置基準

屋外消火栓設備は、1階と2階の床面積合計が、耐火建築物は9,000㎡以上、準耐火建築物は、6,000㎡以上、その他の建築物は、3,000㎡以上の場合、設置が必要になります。また、同一敷地内にある2つ以上の建築物（耐火・準耐火建築物ではない建築物）で相互の外壁間の中心線からの距離が1階で3m以下、2階で5m以下の場合、その2つの建築物の1階と2階の延べ床面積の合計が対象となります。このように屋外消火栓設備は、比較的大きな建物、敷地を対象としています。該当部分にスプリンクラー、水噴霧、泡、不活性ガス、ハロゲン化物、粉末、動力消防ポンプが設置されている場合は、設置を免除できます。

また、屋外消火栓設備を設置した建物は、設備の包含範囲の1階と2階の屋内消火栓設備を免除することもできます。

消火栓は、該当防火対象物の各部から消火栓のホースの接続部まで水平距離40m以下に包含できるように設置し、放水量は350L/分（加圧送水装置の放水量は400ℓ/分）で、放水圧力は0.25MPa以上0.6MPa以下で、20分間放水できる水源量（7㎡）が必要になります。屋外消火栓が2基以上ある場合は、同時放水は2基となりますので、加圧送水装置の放水量は、800ℓ/分となり、水源水量は、14㎡が必要になります。

システムの構成

屋外消火栓設備のシステム構成は、非常電源、水源、加圧送水装置、屋外消火栓箱、ホース格納箱、地下式消火栓、地上式消火栓、起動装置、ホース、ノズル、補助高架水槽で構成されています。

配管工事は屋外配管が多くなることから、コンクリート製の基礎を設け、配管に無理な荷重のかからない接続方法で施工をします。また、埋設部には、硬質塩化ビニルライニング管などの防食処理のされた配管を使用したうえで、埋設深さ一般部で450㎜以上、車路で750㎜以上、車路（重車輌）1,200㎜以上で埋設工事を実施します。

屋外消火栓は、地上式のものと地下式のものがあり、地上式のものは、開閉弁が地盤面より1.5m以下に設け、地下式のものは開閉弁を地盤面からの深さ、0.6m以内に設けることとなっています。

放水用器具格納箱（ホース格納箱・屋外消火栓箱）は、建物の出入口付近の避難通路以外の位置で、屋外消火栓から歩行距離が5m以下に設けなければなりません。加圧送水装置の始動を明示するための赤色の表示灯を屋外消火栓箱の内部またはその直近に設置しなければなりません。屋外消火栓箱には、その表面に「ホース格納箱」と表示し、屋外消火栓にはその直近の見やすい所に「消火栓」と表示した標識も設けなければなりません。

Part1 消防用設備と法律

Part2 消火設備

Part3 火災報知設備・避難設備

Part4 防火設備・排煙設備

Part5 防犯設備

Part6 セキュリティシステム

屋外消火栓設備の設置基準

防火対象物	建築物の区分	1、2階の床面積の合計
1～15項、17・18項	耐火建築物	9,000㎡以上
	準耐火建築物	6,000㎡以上
	その他の建築物	3,000㎡以上

同一敷地内に存する2以上の建築物（耐火建築物および準耐火建築物を除く）で、当該建築物相互の1階の外壁間の中心線からの水平距離が、1階にあっては3m以下、2階にあっては5m以下である部分を有するものは、一の建築物とみなして面積を算定する

例

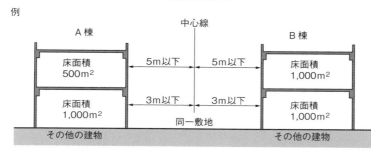

A棟＋B棟の床面積の合計が、3,000m²以上であるので設置義務対象となる

地上式屋外消火栓

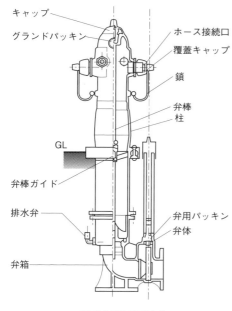

開閉弁が地盤面より1.5m以下に設ける

地下式屋外消火栓

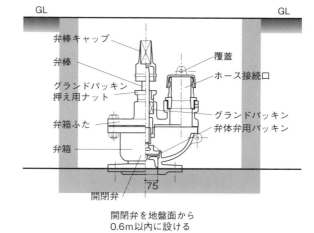

開閉弁を地盤面から0.6m以内に設ける

用語解説　硬質塩化ビニルライニング管……配管の外面に硬質塩化ビニルを被覆したもので、耐久性、耐食性に優れ、埋設部やポンプの吸管用の配管として使用される。

動力消防ポンプ設備

動力消防ポンプの種類

　動力消防ポンプは大きく区分をして、「消防ポンプ自動車」と「可搬消防ポンプ」に分かれます。ポンプが自動車の車台に固定されたものを「消防ポンプ自動車」といい、ポンプが車両を使用しないで人力により搬送され、人力により牽引される車両もしくは自動車の車台に取外しができるように取付けられて搬送される動力消防ポンプを「可搬消防ポンプ」といいます。

　更に規格放水量および放水圧力によりA-1級、A-2級、B-1級、B-2級、B-3級、C-1級、C-2級、D-1級、D-2級に区分けされます。D-1級、D-2級は規格放水量が0.2㎥/分に満たないために、防火対象物に設置する動力消防ポンプ設備の基準には該当しません。

動力消防ポンプ設置基準

　動力消防ポンプは、屋外消火栓設備の代替設備として消防法で認められています。屋外消火栓設備のように、配管工事をしなくてもよくコスト的には安い方法ですが、使いこなすには日頃からの十分な訓練が必要となります。

　動力消防ポンプを屋外消火栓の代替として使用できるのは、規格放水量が0.4㎥/分以上のポンプですが、規格放水量が0.4㎥/分では、水源から水平距離で半径40mの包含で囲まれた範囲しかカバーできません。規格放水量が0.5㎥/分以上のポンプでは、水源から水平距離で半径100mの囲まれた範囲を包含できます。一般的に屋外消火栓の代替設備で導入する場合、規格放水量0.5㎥/分以上規格放水圧力0.55MPa以上のB-3級以上が使用されることが多く、最近では、放水量0.5㎥/分、規格放水圧力0.5MPaのC-1級のポンプもよく使用されています。

　水源の水量は、動力消防ポンプの規格放水量で20分間放水できる量（その量が20㎥以上となる場合にあっては20㎥）以上となるように設けなければなりません。地盤面下に設ける水源にあっては、地盤面の高さから4.5m以内の部分の水量を有効水量とすることとなっています。

　動力消防ポンプは水源の直近に設置され、消防ホース65A×20mが5本以上とノズル、吸管、ストレーナーが備えられています。

　C-2級のポンプは、規格放水量0.2㎥/分以上で屋内消火栓設備の代替として使用できます。水源から水平距離で半径25mの囲まれた範囲を包含できます。

　消防ポンプ自動車または自動車によって牽引もしくは搬送されるものにあっては、水源からの歩行距離が1,000m以内の場所での設置が許されております。

Part1 消防用設備と法律

Part2 消火設備

Part3 火災報知設備・避難設備

Part4 防火設備・排煙設備

Part5 防犯設備

Part6 セキュリティシステム

消防ポンプ自動車

- ポリ籠
- 吸管
- 放水口

可搬消防ポンプ

- 放水弁ハンドル
- 燃料タンク
- 放水弁
- 圧力連成計
- スロットダイヤル
- 真空連成計
- 吸水口
- 燃料コック
- 吸水レバー
- メインスイッチ

規格放水性能（S61.10.15自治省令24）

級別	規格放水性能	
	規格放水圧力（MPa）	規格放水量（㎥／分）
A-1	0.85	2.8 以上
A-2	0.85	2.0 以上
B-1	0.85	1.5 以上
B-2	0.7	1.0 以上
B-3	0.55	0.5 以上
C-1	0.5	0.35 以上※
C-2	0.4	0.2 以上

※ 屋外消火栓で使用する場合は、0.5
以上の放水量があるものを使う

用語解説 呼び径（A）……配管の外径寸法を表現するのに、呼び径という方法があり、A呼称は、mm単位を表し、B呼称はインチ単位を表す。消防ホース65Aは、約65mmの外形寸法を表す。

パッケージ型消火設備

パッケージ型消火設備の仕組み

　パッケージ型消火設備は、消防法への性能規定の導入による告示化で屋内消火栓設備に代えて使用できる消火設備として認められています。

　パッケージ型消火設備は、人の操作によりホースを延長し、消火薬剤を放射して消火を行う消火設備で、ノズルレバー、ホース、消火剤貯蔵容器、加圧用ガス容器、赤色表示灯、パッケージ型消火設備の標識などによって構成されており、格納箱に収納されたもので、(財)日本消防設備安全センターで認定されたものになります。放射性能、消火薬剤の種類および薬剤量などにより、Ⅰ型とⅡ型の2種類があります。Ⅰ型は、消火薬剤を「第三種浸潤剤等入り水(水にリン化合物を配合した消火薬剤)」を使用した場合、放射率16ℓ/分、消火薬剤量80ℓ以上の設備となります。Ⅱ型は、放射率40ℓ/分、消火薬剤量60ℓ以上の設備となります。

設置基準

　Ⅰ型は、ホースの接続口から水平距離で20m以下に、Ⅱ型は水平距離15m以下に防火対象物を包含できるように設置します。1台の消火設備での防護面積は、Ⅰ型は850㎡以下、Ⅱ型は、500㎡以下となっています。一般的なⅠ型のパッケー

ジ型消火設備の消火薬剤は、第三種浸潤剤等入り水で、水による冷却効果とリン化合物による制炎効果によって消火します。消火能力は2ℓの消火薬剤で消火器の消火能力単位に換算し、A-2以上の能力を持っています。

　パッケージ型消火設備Ⅰ型が設置できる防火対象物は、耐火建築物では地階を除く6階以下で、延べ面積が3,000㎡以下の建物、耐火建築物以外では、地階を除く3階以下で、延べ面積が2,000㎡以下の建物で、どちらの場合でも無窓階または火災時煙が著しく充満する恐れのある場所には設置できません。

　パッケージ型消火設備は、屋内消火栓設備と比較して消火剤放射時間が短いため、的確に火点に消火剤を放射することができ、消火に失敗した際の退路の確保をする必要があり、初期消火および避難を行う上で外気に直接開放された開口部または随時容易に開放できる開口部がない「火災時煙が著しく充満するおそれのある場所」では設置できません。ただし、火災の際、煙を有効に排除でき安全に初期消火を行うことができるとともに、主要な避難口を容易に見通すことができ、迅速に避難できる場所については「火災時煙が著しく充満する恐れのある場所」には該当しないこととなっています。

Part1 消防用設備と法律

Part2 消火設備

Part3 火災報知設備・避難設備

Part4 防火設備・排煙設備

Part5 防犯設備

Part6 セキュリティシステム

設置基準防火対象物の区分(H16. 5.31告示12)

		Ⅰ型を設置できる防火対象物※	Ⅱ型を設置できる防火対象物※
(1) 項～ (12) 項、(15) 項の防火対象物または (16) 項の防火対象物で (1) 項～ (12) 項、(15) 項の部分	耐火建築物	地階を除く階数が6以下かつ延べ面積が3,000㎡以下	地階を除く階数が4以下かつ延べ面積が1,500㎡以下
	耐火建築物以外	地階を除く階数が3以下かつ延べ面積が2,000㎡以下	地階を除く階数が2以下かつ延べ面積が1,000㎡以下

※地階、無窓階または火災の時煙が著しく充満する恐れのある場所を除く

パッケージ型消火設備の構造 (Ⅰ型)

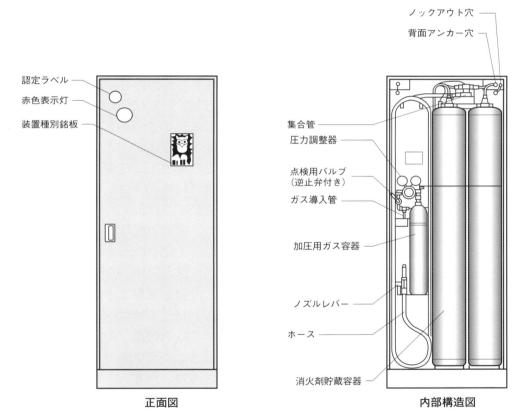

認定ラベル
赤色表示灯
装置種別銘板

正面図

ノックアウト穴
背面アンカー穴

集合管
圧力調整器
点検用バルブ
(逆止弁付き)
ガス導入管
加圧用ガス容器
ノズルレバー
ホース
消火剤貯蔵容器

内部構造図

消火薬剤として第三種浸潤剤等入り水を80ℓ貯蔵しており、加圧ガスでタンクを加圧し、その圧力でホースの先のノズルにより16ℓ / 分の放射率で放射する。ノズルレバーで放射・停止ができ1人でも消火操作が可能

トラブル事例　パッケージ型消火設備は、屋内消火栓設備に比べ1台あたりのコストは安く済みますが、防火対象物全体を何台も設置する場合、屋内消火栓設備の方がコストは安い場合があります。ただし、既設の建物では配管工事も困難な場合もあり、屋内消火栓に比べ使用方法の簡単なパッケージ型消火設備が重宝されているケースがあります。

パッケージ型自動消火設備

パッケージ型自動消火設備の仕組み

パッケージ型自動消火設備は、スプリンクラー設備に代えて設置できる消火設備で、感知部、受信装置、放出口（放射ヘッド）、制御部、消火薬剤貯蔵容器、選択弁、放出導管で構成されており、スプリンクラー消火設備のように大掛かりな水槽、消火ポンプ、非常用電源などが不要なため、小規模の病院、社会福祉施設などに設置されています。消火薬剤は、第三種浸潤剤等入り水を使用し、216ℓ保有するため、1台で21㎡防護できる能力を持っています。作動フローは、光電式スポット型感知器と定温式スポット型感知器など感度の違う感知器を別回路で配置し、どちらの回路も発報すると火災区画の選択弁が開放され、加圧ガスで消火薬剤を加圧し、放出導管を通じてノズルより放射されます。

設置基準

パッケージ型自動消火設備は、用途の5項イ「旅館等」、5項ロ「共同住宅」、6項イ「病院等」、6項ロ「老人短期入所施設等」、6項ハ「老人デイサービスセンター等」、6項ニ「特別支援学校等」、16項イ「特定用途（5（イ）（ロ）、6（イ）（ロ）（ハ）（ニ））が存する複合用途」で、延べ床面積10,000㎡以下で、居住、執務、作業、集会、娯楽およびその他これらに類する目的の

ために継続的に使用される室、廊下並びに通路などの人が常時出入する場所に設置します。

同時に消火薬剤を放出する区域は、防火対象物の壁、床、天井、戸（ふすま、障子その他これらに類するものを除く）で区画されている居室、倉庫などの部分ごとに設定することができます。壁、床、天井、戸で区画されている居室などの面積が13㎡を超えている場合においては、同時放射区域を2以上に分割して、設定することができます。この場合、それぞれの同時放射区域の面積は13㎡以上とすることになります。

また、隣接する同時放射区域への延焼を防ぐために、パッケージ型自動消火設備の消火薬剤、消火薬剤貯蔵容器、受信装置、作動装置などを2以上の同時放射区域において共用する場合にあっては、隣接する同時放射区域間の設備を共有しないように交互になるように設置するようにします。ただし、隣接する同時放射区域が建基令第107条に規定する耐火性能若しくは同令第107条の2に規定する準耐火性能またはこれらと同等以上の防火性能を有する壁、間仕切壁で区画され、開口部に建基法第2条第9号の2ロに規定する防火設備である防火戸が設けられている場合は共有できるものとなっています。

Part1 消防用設備と法律

Part2 消火設備

Part3 火災報知設備・避難設備

Part4 防火設備・排煙設備

Part5 防犯設備

Part6 セキュリティシステム

パッケージ型自動消火設備の設置基準(H16.5.31告示13)

設置基準 防火対象物の区分	パッケージ型自動消火設備を設置することができる防火対象物
(5) 項若しくは (6) 項の防火対象物または (16) 項の防火対象物で (5) 項若しくは (6) 項の部分	延べ面積 10,000㎡以下の居住、執務、作業、集会、娯楽およびその他これらに類する目的のために継続的に使用される室、廊下並びに通路などの人が常時出入する場所に設置すること

パッケージ型自動消火設備

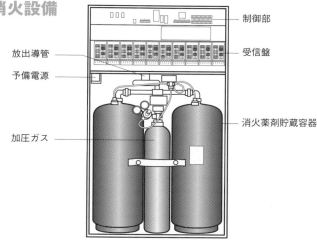

制御部

放出導管

予備電源

加圧ガス

受信盤

消火薬剤貯蔵容器

隣接する区域の考え方

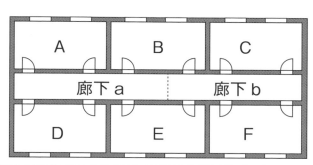

	A	B	C	D	E	F	廊下a	廊下b
A	－	○					○	
B	○	－	○				○	○
C		○	－					○
D				－	○		○	
E				○	－	○	○	○
F					○	－		○
廊下a	○	○		○	○		－	○
廊下b		○	○		○	○	○	－

用語解説　第三種浸潤剤等入り水……水による冷却効果に加え、りん化合物による防炎効果が作用して消火を行う薬剤。おもに、パッケージ型消火設備並びにパッケージ型自動消火設備用の薬剤として使用される。

消防用設備点検

消防用設備点検

防火対象物に設置する消防用設備などについては、消防法第17条の規定に基づき、関係者に設置および維持が義務付けられています。消防用設備は日常使用されず火災が発生した場合はじめて使用されるものであり、日常から維持管理を十分行って、機能保持をはかっておく必要があります。ただ、維持管理を行うにも、消防用設備などについて知識や技能がない者がその業務を行えば、不良箇所を発見できないばかりか、機能を損なうことも考えられます。

このようなことから、人命危険の高い特定の防火対象物などについては消防用設備についての知識技能を有する消防設備士または消防設備点検資格者が点検を行い、その他の防火対象物にあっては、関係者自ら点検をして、その結果を定期的に消防機関に報告することにより消防用設備などの機能の確保をはかっています。消防設備士または消防設備点検資格者に点検させなければならない防火対象物は、特定防火対象物で、延べ面積が1,000㎡以上のもの、非特定防火対象物で、延べ面積が1,000㎡以上のもののうち、消防長または消防署長により火災予防上必要があると認めて指定する防火対象物となります（令第36条第2項）。

点検とは、法第17条の3の3の規定に基づき、機器点検または総合点検により、消防用設備などが法第17条の技術上の基準に適合しているかどうかを確認することです。機器点検とは、①消防用設備などに附置される非常電源（自家発電設備に限る）または動力消防ポンプの正常な作動、②消防用設備などの機器の適正な配置、損傷の有無その他外観から判別できる事項、③消防用設備などの機能について、外観または簡易な操作により判別できる事項などについての点検となり、6か月に1回実施します。総合点検は、消防用設備の全部もしくは一部を作動させ、当該消防用設備などを使用することにより、消防用設備などの総合的な機能を確認する点検で、1年に1回実施します（平成16年消防庁告示第9号）。

点検をした結果は、特定防火対象物に関しては1年に1回、非特定防火対象物に関しては3年に1回、所轄の消防長または消防署長へ提出しなければなりません（規則第31条の6第3項）。また、点検結果報告書は、消防用設備維持台帳に記録し編冊しておかなければなりません。保存期間は原則3年とし、3年を経過したものについては、点検結果総括表、点検者一覧表および経過一覧表を保管するだけになります（平成10年消防予第67号）。

点検結果を報告しない、または虚偽報告をしたものは、30万円以下の罰金が課せられます（法第44条第11号）。

Part1 消防用設備と法律

Part2 消火設備

Part3 火災報知設備・避難設備

Part4 防火設備・排煙設備

Part5 防犯設備

Part6 セキュリティシステム

消防用設備点検の規制体系

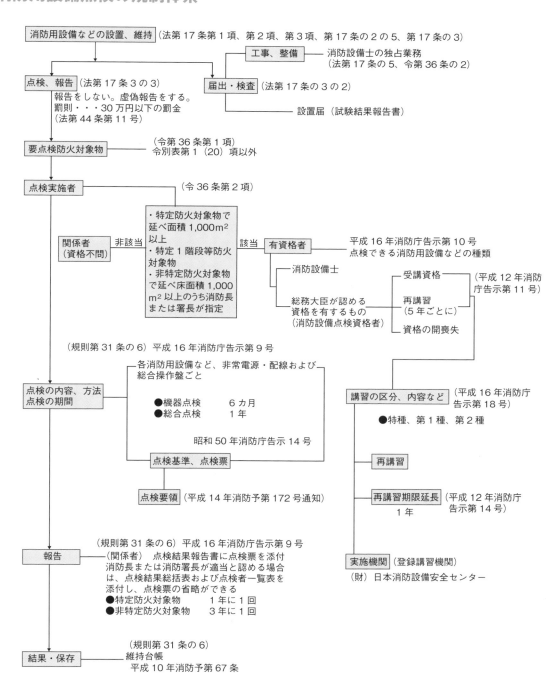

用語解説 消防設備士、消防設備点検資格者……消防設備士は、消防設備などの点検・整備、工事ができる資格免許を持った者。消防設備点検資格者は、指定した講習会を通じて消防設備の点検について必要な知識と技術を得て、消防設備などの点検ができる資格者のこと。

工事中の
安全対策

　新築および増改築などの工事現場では、溶接や溶断作業による火花の飛散または作業員などの喫煙の不始末、更には、夜間施錠されていない工事現場に放火されるなどが原因となって火災が発生しています。また、自動火災報知設備の一部や消火設備の一部が工事のために停止されており、発見が遅くなったり十分な初期消火ができないことも想定されます。

　予防として、溶接などの作業場周辺の養生、消火器の準備や監視人の立会い残火確認の徹底、更に、喫煙に関しても、喫煙場所以外での禁煙の徹底が必要です。また、放火防止として、整理整頓、工事現場の定期的な巡回、夜間などの施錠徹底が重要です。

　避難ルートの確保については、安全通路を確保し、荷物や避難障害になるものを置かないようにします。更に、工事中で使用不可能な階段などがある場合、別ルートの避難ルートについて、現場内の作業員へ周知します。

　工事現場では消火器を十分に設置して、作業員には定期的な消火器の使用訓練を通じて、初期消火で火災を消火できるような体制をとる必要があります。尚、一定規模以上の新築工事では、防火管理者を選任し、消防計画書を管轄消防署に届け出ることが義務付けられています。

火災報知設備・避難設備

早く発見し、安全に避難するためには、どのような設備があるのでしょうか？この章では火災を知らせる様々な報知設備、避難設備を解説します。

自動火災報知設備①

設置基準・システム構成

　自動火災報知設備は、特定一階段防火対象物、用途の2項二（カラオケボックス等）、6項ロ（老人短期入所施設等）、13項ロ（特殊格納庫）、17項（重要文化財）については、床面積に関係なく全て設置しなければなりません。9項イ（蒸気浴場等）は延べ面積200㎡以上、その他の特定防火対象物は延べ床面積300㎡以上、11項（神社など）15項（前各号以外の事業所）は延べ面積1,000㎡以上、その他の非特定防火対象物は延べ床面積が500㎡以上あれば自動火災報知設備を設置しなければなりません。

　自動火災報知設備は、受信機、感知器、中継器、音響装置、発信機、および表示灯で構成された、防火対象物内で発生した火災を感知器で自動的に感知し、防火対象物内の人へ警報を発する設備です。

受信機の種類

　受信機には、大きく分けてP型とR型があります。ほかに燃料用ガスを感知するG型があります。

　P型受信機は、Proprietary Type の略で「所有者型」、「私設型」という意味で使われています。P型のシステムは、火災発生の感知をある一定区域（警戒区域）ごとに一回線で区別しています。このため、感知器からの火災発生の信号を受ける受信機は発生区域がわかるように全回線分の窓表示を設けています。メリットは、歴史が古く一番普及しているので、品質が安定的でR型に比べると機器の費用は安くなることです。デメリットは、回路数によって配線本数が増えるため増改築時に多大な配線工事が発生する場合があり、1つの受信機で警戒できる区域数に限りがあることです。また、警戒区域というエリアでしかわからず、発報している感知器の特定に時間がかかります。

　R型受信機は、Record Type（記録型）の略で、多重伝送で、感知器もしくは中継器から固有の信号を受信機に送信する方式です。メリットは、多重伝送で送信されるために配線本数が回路に関係なく一定であるために増改築時に大規模な配線工事などの必要がないことです。更に感知器をアナログタイプにすると感知器ひとつひとつのアドレス管理ができ、発報時の感知器の特定ができるだけでなく、光電アナログ式感知器、熱アナログ式感知器などは個別に発報する感度調整ができ、発報時の煙の濃度や温度の変化の推移も個別の感知器で確認できます。1基の受信機で警戒できるアドレスが多く（200～1,000件）大規模物件に適しています。感知器配線を含め全て耐熱線を使用します。

　デメリットは、機器のコストが高く、受信機に表示される警戒区域名称を変更する場合、メーカーに依頼しROMの書き換えをしなければならないなどの点です。

Part1 消防用設備と法律

Part2 消火設備

Part3 火災報知設備・避難設備

Part4 防火設備・排煙設備

Part5 防犯設備

Part6 セキュリティシステム

P型受信機とR型受信機の仕組み

P型受信機

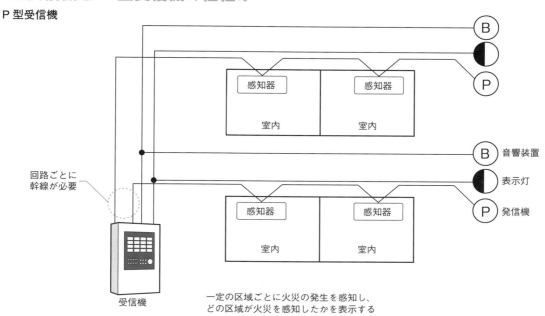

回路ごとに幹線が必要

受信機

B 音響装置
◐ 表示灯
P 発信機

一定の区域ごとに火災の発生を感知し、どの区域が火災を感知したかを表示する

R型受信機

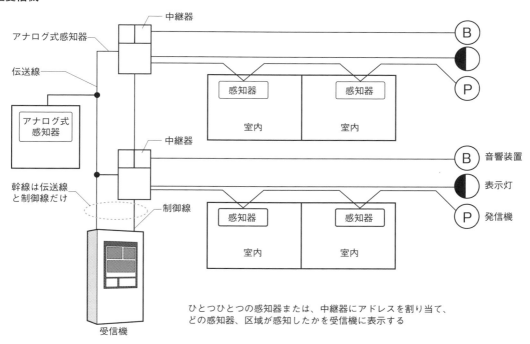

中継器
アナログ式感知器
伝送線
アナログ式感知器
中継器
幹線は伝送線と制御線だけ
制御線
受信機

B 音響装置
◐ 表示灯
P 発信機

ひとつひとつの感知器または、中継器にアドレスを割り当て、どの感知器、区域が感知したかを受信機に表示する

トラブル事例	R型受信機で個別感知器のアドレスの名称が、設置されている場所名と相違がないか点検時に確認をしておかなければ、設置時の名称から変更されている場合、発報時、表示された名称が実際と違っていてトラブルになることがあります。

自動火災報知設備②

感知器の種類

感知器は、感知する対象によって、熱感知器、煙感知器、炎感知器があり、局所の状態を感知するスポット型と、広範囲の状態を感知する分布型、分離型があります。

差動式スポット型感知器は、周囲の温度の上昇率が一定以上になった時に作動するもので、一局所の熱効果により作動するものです。

差動式分布型感知器は、周囲の温度の上昇率が一定以上になった時に作動するもので、広範囲の熱効果の累積によって作動するものです。差動式分布型感知器のうち空気管式の作動原理は、差動式スポット型感知器と同様です。熱電対式は、熱電対の感熱部と検出部からなり、天井面に設置された熱電対部が火災による急激な温度上昇によって加熱されると熱起電力が発生し、検出器で検知し受信機に火災信号を送ります。

定温式スポット型感知器は、一局所の周囲の温度が一定の温度以上になった時に作動するものです。

光電式スポット型感知器は、周囲の空気が一定の濃度以上の煙を含んだ時に作動するもので、一局所の煙による光電素子の受光量の変化により作動します。

光電式分離型感知器は、周囲の空気が一定の濃度以上の煙を含むに至った時に作動するもので、広範囲の煙の累積によ

る光電素子の受光量の変化により作動します。

炎感知器は、火災の炎から放射される紫外線または赤外線の変化が一定の量以上になった時に作動するもので、赤外線式と紫外線式があります。赤外線式は、物が燃える時は非常に広い範囲にわたる波長の放射が行われており、炎感知器は、これらのうち特定の波長の1つまたは2つ以上の放射量あるいは特定の周波数などを捕らえることにより作動する方式です。紫外線式は、火災時の炎中に含まれる紫外線（波長0.18〜0.26μm）を検出して、その検出信号が一定時間以上または数回のパルス信号によって火災信号として発信する方式です。

R型受信機で使用できる感知器で、アナログ式感知器があります。従来の熱感知器または煙感知器は、感知器周囲の環境が一定の温度、一定の煙濃度などの値になった時に火災信号を受信機に発信するものですが、アナログ式感知器は個々の感知器が広い温度範囲内または広い煙濃度範囲内で現状の温度、煙濃度の信号を絶えず中継器または受信機に送り、受信機で任意に設定した値で、注意表示（火災表示を行う以前の補助的に異常が発生している表示）および火災表示を発報させることができます。光電アナログ式スポット型感知器、光電アナログ式分離型感知器、熱アナログ式スポット型感知器があります。

Part1 消防用設備と法律

Part2 消火設備

Part3 火災報知設備・避難設備

Part4 防火設備・排煙設備

Part5 防犯設備

Part6 セキュリティシステム

おもな感知器

感　知　器	作　動　定　義	
差動式スポット型感知器	一局所の熱効果	周囲の温度の上昇率が一定以上になった時に作動するもの
差動式分布型感知器	広範囲の熱効果の累積	
定温式感知線型感知器	外観が電線状のもの	一局所の周囲の温度が一定の温度以上になった時に作動するもの
定温式スポット型感知器	外観が電線状以外のもの	
熱複合式スポット型感知器	差動式スポット型感知器の性能および定温式スポット型感知器の性能をあわせもつもの	
補償式スポット型感知器（熱複合式スポット型感知器のうち多信号機能を有しないもの）		
イオン化式スポット型感知器	一局所の煙によるイオン電流の変化	周囲の空気が一定の濃度以上の煙を含むに至った時に作動するもの
光電式スポット型感知器	一局所の煙による光電素子の受光量の変化	
光電式分離型感知器	広範囲の煙の累積による光電素子の受光量の変化	
紫外線式スポット型感知器	一局所の紫外線による受光素子の受光量の変化	炎から放射される紫外線の変化が一定の量以上になった時作動するもの
赤外線式スポット型感知器	一局所の赤外線による受光素子の受光量の変化	炎から放射される赤外線の変化が一定の量以上になった時作動するもの
イオン化アナログ式スポット型感知器	一局所の煙によるイオン電流の変化	周囲の空気が一定の範囲内の濃度の煙を含むに至った時に当該濃度に対応する火災情報信号を発信するもの
光電アナログ式スポット型感知器	一局所の煙による光電素子の受光量の変化	
光電アナログ式分離型感知器	広範囲の煙の累積による光電素子の受光量の変化	
熱アナログ式スポット型感知器	外観が電線状以外のもの	一局所の周囲の温度が一定の範囲内の温度になった時に当該温度に対応する火災情報信号を発信するもの

用語解説　パルス信号……ON・OFFを操り返し、その継続する長さを変更した組み合わせで情報を伝える信号。

自動火災報知設備③

設置の基準

火災の発生した区域をほかの区域と区別して識別することができる最小の区域を警戒区域といいます。警戒区域は、①2以上の階にわたらないこと、②1つの警戒区域の面積は600㎡以下とし、その一辺の長さは50m以下（光電式分離型感知器を設置する場合にあっては、100m以下）とすることとなっています。ただし例外的に、警戒区域の面積の合計が500㎡以下の時は、2つの階にわたることができます。また、煙感知器を設置する階段、エレベーター昇降路などは、縦方向の警戒区域であり、水平距離で50m以下の範囲内にある階段などの竪穴区画は同一警戒区域として設定できます。竪穴区画は垂直距離45m以下ごとに別警戒区画とします。

受信機の設置は、防災センターなどの常時人がいる場所に設けます。受信機の操作スイッチは床面から0.8m（イスに座って操作するものは0.6m）以上1.5m以下となるように設置します。1つの防火対象物に2つ以上の受信機のある場合、相互間で同時に通話ができる装置を設け、地区音響装置はいずれの受信機からも鳴動させることができるものとしなければなりません。受信機が同一の部屋に設置されている場合はその必要はありません。

感知器は、煙感知器を設置すべき場所が決まっており、①階段・傾斜路、②廊下・通路（特定防火対象物、9項ロ一般浴場、12項工場など、15項の用途が対象）、③エレベーターの昇降路、リネンシュート、パイプダクトなど、④遊興のための設備または物品を客に利用させている個室などでカラオケボックスなど、⑤感知器の設置する区域の天井高さが15m以上20m未満の場所、⑥特定防火対象物および15項における地階・無窓階および11階以上の部分が対象となっています。

感知器は、天井の屋内に面する部分および500㎜以上の高さがある天井の裏の部分（主要構造部を耐火建築物とした場合は不要）に設置し、取付け面の高さ、取付ける環境に応じて感知器の種類、種別を選定します。

発信機は床面より0.8m以上1.5m以下にし、1つの発信機までの歩行距離が50m以下となるように設け、上方に赤色の表示灯を設けます。

地区音響装置は、水平距離25m以下で各部を包含するように設置し、音圧は1m離れた場所で90dB以上必要です。カラオケボックスなどでは、地区音響鳴動時自動的にカラオケの音響を遮断する装置が必要になります。大規模の建物（地下を除く階数が5以上の延べ面積が3,000㎡を超える）については、地区音響装置が、出火階と直上階（出火階が1階より下の場合は、出火階と直上階と地階）に区分鳴動され、一定時間後に全館鳴動されるようにする必要があります。

Part1 消防用設備と法律

Part2 消火設備

Part3 火災報知設備・避難設備

Part4 防火設備・排煙設備

Part5 防犯設備

Part6 セキュリティシステム

自動火災報知設備の設置基準（消防法施行令21条、消防法施行規則24条）

警戒区域	地区音響装置	発信機
1つの警戒区域は 600㎡以下とし、1辺の長さは 50 m以下（光電式分離型感知器は 100m以下）とする	水平距離 25 m以下 1 m離れた位置で 90dB 以上 地上 5 階以上 3,000㎡以上は区分鳴動方式	歩行距離 50 m以下 床面から 0.8 ～ 1.5 mに設置 表示灯は 15°で 10 m離れた場所から見えること

感知器の設置基準（消防法施行規則23条）

おもなスポット型感知器の設置基準

	差動式スポット型	定温式スポット型	光電式スポット型
高さと種類	8 m未満使用可 8 m以上使用不可	特殊・1 種＝8 m未満使用可 2 種＝4 m未満使用可	1 種＝20 m未満使用可 2 種＝15 m未満使用可 3 種＝4 m未満使用可
感知面積 （4 m未満）	耐火構造・1 種＝90㎡ /1 個 その他構造・1 種＝50㎡ /1 個 耐火構造・2 種＝70㎡ /1 個 その他構造・2 種＝40㎡ /1 個	耐火構造・特種＝70㎡ /1 個 その他構造・特種＝40㎡ /1 個 耐火構造・1 種＝60㎡ /1 個 その他構造・1 種＝30㎡ /1 個 耐火構造・2 種＝20㎡ /1 個 その他構造・2 種＝15㎡ /1 個	1・2 種＝150㎡ /1 個 3 種＝50㎡ /1 個
感知面積 （4m 以上 8 m未満）	耐火構造・1 種＝45㎡ /1 個 その他構造・1 種＝30㎡ /1 個 耐火構造・2 種＝35㎡ /1 個 その他構造・2 種＝25㎡ /1 個	耐火構造・特種＝35㎡ /1 個 その他構造・特種＝25㎡ /1 個 耐火構造・1 種＝30㎡ /1 個 その他構造・1 種＝15㎡ /1 個	―
感知面積 （4m 以上 20 m未満）	―	―	1・2 種＝75㎡ /1 個
感知区域	0.4 m以上の梁は別区域	0.4 m以上の梁は別区域	0.6 m以上の梁は別区域
取付け位置	天井から 0.3 m以内 45°以上傾斜させない 吹出口から 1.5 m以上	天井から 0.3 m以内 45°以上傾斜させない 吹出口から 1.5 m以上	天井から 0.6 m以内 吹出口から 1.5 m以上 天井の低い部屋・狭い部屋は出入口に設置 廊下は歩行距離 30 m /1 個 階段室垂直距離 15 m /1 個

ワンポイントアドバイス　カラオケボックス・個室ビデオなどには部屋の中に煙感知器を設置しなければなりませんが、消防庁などが行った実験の結果、空調機、換気の運転に関係なく定員を若干超える人数が一度に喫煙をしても感知器が誤報しないことが確かめられています。

ガス漏れ火災警報設備

システム構成

　ガス漏れ火災警報設備は、燃料用ガス（液化石油ガスの保安の確保および取引の適正化に関する法律第2条第3項に規定する液化石油ガス販売事業により販売される液化石油ガスを除く）または自然発生する可燃性ガスおよび温泉の採取のための設備などのガスの漏れを検知し、防火対象物の関係者または利用者に警報する設備で、ガス漏れ検知器、受信機、中継器および警報装置から構成されています。ガス漏れ検知器には「半導体式」、「接触燃焼式」、「気体熱伝導度式」があります。

　半導体式は半導体がガスを吸着して電気伝導度の上昇を検出する方式です。接触燃焼式は白金線の温度変化（電気抵抗）を検出する方式です。気体熱伝導度式は、空気と可燃性ガスの熱伝導度の差異を利用し、加熱したサーミスターに可燃ガスが触れると温度が変化し、その電気抵抗の差異によりガス漏れを検知する方法です。

　16項の2および特定防火対象物で地下階の延べ床面積が1,000㎡以上、16項イまたは16の3項（準地下街）の用途で地下階の床面積合計が1,000㎡以上で特定用途部分の面積合計が500㎡以上の場合、更に全用途で内部に温泉の採掘のための設備（温泉井戸、ガス分離設備、ガス排出口並びに配管など）が設置されているものが対象となります。

設置基準

　警戒区域については、自動火災報知器とほぼ同様で、貫通部（燃料用のガスを供給する導管が防火対象物またはその部分の外壁を貫通する部分）に設ける検知器に係る警戒区域は、ほかの検知器に係る警戒区域と区別することになります。

　受信機には、ガス漏れ灯（黄色）があり検知器が発報すればガス漏れ灯が点灯、主音響装置、地区音響装置が作動します。検知器は天井面または壁面の点検に便利な場所に次により設置します。①ガス燃焼機器が使用されている室内、②ガスを供給する導管が外壁を貫通する屋内側の付近、③可燃性ガスが自然発生する恐れがあるとして、消防長または消防署長が指定した場所、④温泉の採取のための設備の周囲の長さ10mにつき1個以上ガスを有効に検知できる場所に設置します。

　検知対象ガスの空気に対する比重が1未満の場合、燃焼器または貫通部から水平距離で8m以内の位置に設けます。比重が1を超える場合は、燃焼器または貫通部から水平距離で4m以内の位置でかつ検知器の上端は、床面の上方0.3m以内の位置に設けます。

　ガス漏れ表示灯は、検知器を設ける室が通路に面している場合、当該通路に面する部分の出入口付近に、前方3m離れた地点で点灯していることを明確に識別することができるように設けます。

Part1 消防用設備と法律

Part2 消火設備

Part3 火災報知設備・避難設備

Part4 防火設備・排煙設備

Part5 防犯設備

Part6 セキュリティシステム

検知器の検知方式

方式 項目	検知方式		
	半導体式	接触燃焼式	気体熱伝導度式
検知原理	半導体自体の抵抗値がガスに対して変化する。ヒーターによって加熱された半導体表面にメタンガスなどが接触、センサー表面の吸着酸素を奪い、センサー内部の自由電子を増加させ抵抗値を変化させることにより、ガス濃度を求める	コイル状に巻かれた白金線の表面でガスが酸化反応（燃焼）する時の発熱により、白金線の抵抗値が変化する	コイル状に巻かれた白金線に塗られた半導体のガスに対する熱伝道度の違いを応用したもので接触燃焼とは逆に変化する
特徴	・ガスに対する変化が比較的安定している ・大出力が得られる ・長期間の安定性に優れている	補償素子との併用により諸特性に優れている	

検知器の設置位置

空気より軽いガスの場合

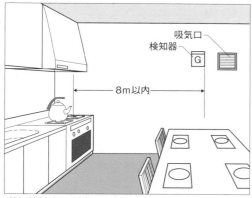

検知対象ガスが空気より軽いガスの場合検知器を燃焼器から水平距離で 8m 以内の位置に検知器を設ける

空気より重いガスの場合

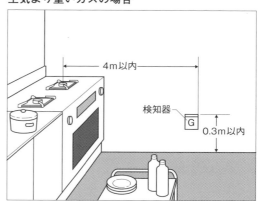

検知対象ガスが空気より重いガスの場合燃焼器から水平距離で 4m 以内、検知器の上端は、床面の上方 0.3mの位置に設ける

ワンポイントアドバイス　平成19年6月東京都渋谷区の温泉施設で、爆発が起き、この施設の別棟が骨組みだけを残して全壊し、女性従業員3人が亡くなられました。原因は、温泉を汲み上げ時に一緒に出たメタンガスがたまり引火したものとされています。この事故により、これらの温泉施設にもガス漏れ火災警報設備を設置しなければならなくなりました。

漏電火災警報器

設置基準

漏電火災警報器は、電圧600V以下の電路の漏えい電流を検出して防火対象物の関係者に報知し、漏電火災を未然に防止するために設置する機器で、消防用設備のうちでは、火災を予防する点において特長があります。

設置対象は、間柱、根太、天井野縁または下地を不燃材料および準不燃材料以外の材料でつくったラスモルタル造の壁、床・天井を有する一定規模以上の建物で設置をしなければなりません。また、防火対象物の用途1項から6項まで、15項、16項のラスモルタル造りの建物で契約電流量50Aを超える防火対象物には面積に関係なく設置しなければなりません。

システム構成

「漏電」とは、一般に電路の配線や機器の絶縁効果が失われ、大地を帰路とする循環電流を生じる現象を指しています。

漏電火災警報器では、変流器で漏電を検出しますが、その検出方法は変圧器と同じです。変圧器の場合、1次コイルの電流の変化によって2次コイルに電圧が生じます。2次コイルの代わりに鉄リングにコイルを巻きつけたものを、1次コイルの代わりにリングの中心に電線を通した形で、電線に電流を流すと、電流により発生した磁界で鉄心内に磁束(磁力線の束)が生じ、コイルに電圧が生じます。

この鉄リングにコイルを巻きつけたものが変流器になります。実際には、変流器の中に行きと帰りの2本の電線が通ります。そうするとお互いの電流で生じた反対方向の磁界が打ち消し合い、変流器内には電圧が発生しません。ところが、漏電して電流のバランスが崩れると、そのアンバランスな磁束分だけ電圧が生じ、その信号を受信機で受けて漏電の警報を出すという仕組みになっています。

漏電火災警報器の構成

漏電火災警報は、受信機と変流器、音響装置で構成されています。変流器には構造上貫通型と分割型の2種類あり、分割型は既設の警戒電路の配線などの場合、配線をそのままにして変流器を2つに分割し電線を通してから変流器の上下を締め付けるようにしたものです。警戒電路が電線管(金属管)などの中に配線されている場合でも、変流器は電線管ごと貫通させても特性上支障はありませんが、D種接地工事が行われている場合、金属管内に漏電が起こった時に、漏電火災警報器が正常に作動しない場合があります。このような場合、D種接地線を変流器より負荷側へ移動させるようにします。

警戒電路の定格電流が60Aを超える電路の場合は1級漏電火災警報器を、60A以下の電路の場合は1級または2級漏電火災警報器を設置することとなります。

Part1 消防用設備と法律

Part2 消火設備

Part3 火災報知設備・避難設備

Part4 防火設備・排煙設備

Part5 防犯設備

Part6 セキュリティシステム

変流器の仕組み

通常時

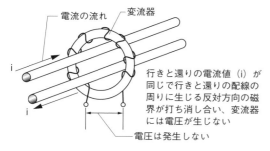

行きと還りの電流値（i）が同じで行きと還りの配線の周りに生じる反対方向の磁界が打ち消し合い、変流器には電圧が生じない

漏電時

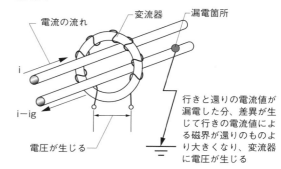

行きと還りの電流値が漏電した分、差異が生じて行きの電流値による磁界が還りのものより大きくなり、変流器に電圧が生じる

変流器の種類
貫通形

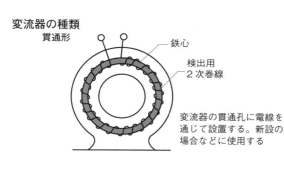

変流器の貫通孔に電線を通じて設置する。新設の場合などに使用する

分割形

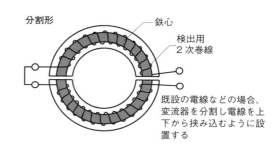

既設の電線などの場合、変流器を分割し電線を上下から挟み込むように設置する

変圧器の設置方法

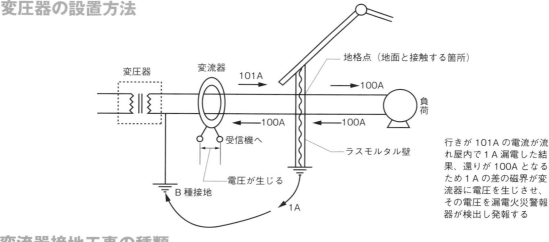

行きが101Aの電流が流れ屋内で1A漏電した結果、還りが100Aとなるため1Aの差の磁界が変流器に電圧を生じさせ、その電圧を漏電火災警報器が検出し発報する

変流器接地工事の種類

A種接地工事：高圧または特別高圧の機器の鉄台、金属製外箱などの接地に用いられるもの
B種接地工事：高圧または特別高圧電路と低圧電路を結合する変圧器において、混触する恐れがある場合
C種接地工事：300Vを超える低圧用の機器の鉄台、金属製外箱、金属管など
D種接地工事：300V以下の機器の鉄台、金属性外箱、金属管など

用語解説 ラスモルタル造の壁……モルタルの付着を良くするためにメタルラスやワイヤーラスなどの網状の金物を下地に貼り、モルタルで下塗り、または仕上をする左官工事のことで、おもに木造の外壁工事などに多く用いられる。

住宅用火災警報器

設置基準

住宅火災による死者の数は、建物火災による死者数の約9割、約1,000名を超える水準で推移しています。このうち、65歳以上の高齢者が約7割、また「逃げ遅れ」が原因で亡くなった人が約5割となり、もっと早く火災の発生を知っていれば助かったケースもあるのではないかと思われます。米国では、住宅用火災警報器の設置が1970年後半より州法で義務化され、住宅火災による死者数は1970年代の約6,000人から最近では3,000人弱程度になっています。このような中で、日本でも平成16年の消防法改正で住宅用火災警報器の設置が義務付けられ、設置などの基準については、市町村条例にて定められています。平成18年6月1日より新築住宅への設置が義務付けられ、既存住宅を合わせ平成23年6月より全ての住宅に対して設置が義務付けられています。

住宅用火災警報器の規格

住宅用火災警報器は、住宅用防災警報器および住宅用防災報知設備に係る技術上の規格を定める省令で規格が定められており、確実に火災警報を発し、取扱いが容易なものとしています。煙式（光電式）と、熱式（定温式）の2種類があります。国が基準を定める検定に合格したものに合格証をつけ販売を許可しています。

取付け方法

消防法においては、原則として煙式警報器の設置を定めています。取付ける場所は消防法では、寝室と寝室につながる階段または廊下です。取付け個数は1個となっており、取付ける位置は消防法で次のように定められています。

天井に取付ける場合……警報器の中心が壁や梁から60cm以上（熱式の場合は40cm以上）離して取付ける。

壁に取付ける場合……警報器の中心が天井から15〜50cm以内に入るように取付ける。

これは、煙の性質上、天井と壁の隅の部分には煙が届きにくく、早期感知ができないためです。

また、次のような場所に取付ける時は正しい位置に取付けないと、正常に作動しない、故障の原因になります。

①空気の吹出し口から1.5m以上離して取付ける

②照明器具の近くからは30cm以上離して取付ける

③台所（煙式の場合）はガスレンジから十分な距離をおいて取付ける

取付ける場所が、市町村の条例によっては、消防法で定めた場所に追加して、台所も含まれるところもあれば、全ての台所、居室としているところもあるので詳細については、市町村条例の確認が必要になります。

Part1 消防用設備と法律

Part2 消火設備

Part3 火災報知設備・避難設備

Part4 防火設備・排煙設備

Part5 防犯設備

Part6 セキュリティシステム

検定合格証票

国が基準を定める検定に合格したもののみ販売が許される

住宅用火災警報器（住警器）の設置場所

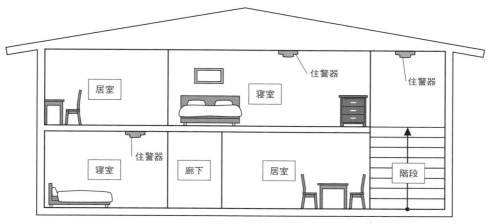

住宅用火災警報器は消防法において寝室と寝室につながる階段または廊下に取付けるように定められている

住宅用火災警報器の取付け位置

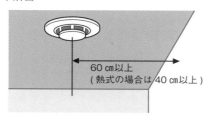

天井面

60 ㎝以上
(熱式の場合は 40 ㎝以上)

警報器の中心が壁や梁から 60 ㎝以上（熱式の場合は 40 ㎝以上）、空気の吹出し口からは 1.5m 以上離して取付ける

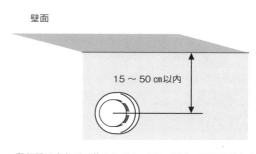

壁面

15 ～ 50 ㎝以内

警報器の中心が天井から 15 ～ 50 ㎝以内、照明器具からは 30 ㎝以上離して取付ける

トラブル事例 　火災時確実に作動させるために、年に１度は作動点検を行ってください。警報器に点検用のひもやボタンがついています。現在発売されているものはほとんどが電池の寿命が10年となっており、10年を目安に電池の交換もしくは機器ごとの交換が必要になります。

非常警報器具・設備

設置基準

　防火対象物内にいる人に火災が発生したことを知らせるために、収容人員の多い対象物に対して義務付けられています。

　非常警報器具は、警鐘、携帯用拡声器、手動式サイレンなどがあり、4項、6項ロ、ハ、ニ、9項ロ、12項またはこの用途が存する防火対象物で、収容人員が20人以上50人未満の場合、設置の必要があります。

　非常警報設備には、非常ベル、自動式サイレン、非常放送設備があり、非常ベル、自動式サイレンは、火災が発生した際に起動装置を手動で操作して、ベルやサイレンなどの音響装置により火災の発生を報知するもので、5項イ、6項イ、9項イで収容人員が20人以上または全用途で地階・無窓階で収容人員が20人以上、その他の用途では50人以上の場合設置が必要になります。非常ベル、自動式サイレンは、起動装置、表示灯、音響装置、電源および配線により構成されています。

　放送設備は、大規模な防火対象物または収容人員が多い防火対象物に対して避難時のパニックを防止し、避難の際の緊急度に応じた誘導が行えるように設けられ、スピーカーによる音声で火災の発生を報知するものです。特定防火対象物で、収容人員300人以上、16項イは500人以上、5項ロ、7項、8項は800人以上の場合設置が必要になります。放送設備は、

火災を発見した者の起動装置の操作、放送設備に連動する自動火災報知設備からの信号により自動的に音声警報音をスピーカーから必要な階に流し、操作部を操作することによりマイクを通じて的確な情報を任意の階に放送して避難誘導を行うもので、起動装置、表示灯、スピーカー、増幅器、操作部、電源、配線により構成されます。スピーカーの設置は、放送区域を防火対象物の2以上の階にわたらず、床、壁または戸で区画された部分に設置します。

　スピーカーは放送区域面積に応じたものを設け、放送区域ごとに、放送区域の各部分からスピーカーまでの水平距離が10m以下となるようにし、階段や傾斜路に設置する場合は、垂直距離15mにつきL級のものを1個以上設けます。カラオケボックスのように、音響が聞き取りにくい場所に設ける場合やヘッドホンなどを用いたサービスを提供する室内にあっては、ほかの警報音や騒音と区別して聞き取ることができる措置が必要となります。

　操作部の設置は、守衛室など常時人が居る場所に設置します。起動装置は、自動火災報知設備と連動している場合は、発信機がその役割を果たします。

　非常電話は、防火対象物の11階以上の階、地下3階以下の階または16項の2、16項の3の用途の防火対象物に設けなければなりません。

Part1 消防用設備と法律
Part2 消火設備
Part3 火災報知設備・避難設備
Part4 防火設備・排煙設備
Part5 防犯設備
Part8 セキュリティシステム

非常警報器具の設置基準（消防法施行令24条）

設置基準	物	1項イ	1項ロ	2項イ	2項ロ	2項ハ	2項ニ	3項イ	3項ロ	4項	5項イ	5項ロ	6項イ	6項ロ	6項ハ	6項ニ	7項	8項	9項イ	9項ロ	10項	11項	12項イ	12項ロ	13項イ	13項ロ	14項	15項	16項イ	16項ロ	16項の2	16項の3	17項
非常ベルなど	一般	50人以上									20人以上 注1	50人以上	20人以上 注1	50人以上			50人以上		20人以上	50人以上									50人以上 注2		50人以上		
非常ベルなど	地階および無窓階	20人以上 注3																															
令第24条／自動式サイレンおよび放送設備または	非常ベルおよび放送設備または	300人以上									800人以上	300人以上	300人以上				800人以上		300人以上										500人以上 注4	注5	全部		
令第24条／自動式サイレンおよび放送設備または	非常ベルおよび放送設備または	地階を除く階数が11以上																															
令第24条／自動式サイレンおよび放送設備または	非常ベルおよび放送設備または	地階の階数が3以上																															
用拡声器・ハンドサイレン	非常警報器具（警鐘・携帯サイレン）									20人以上50人未満				20人以上50人未満					20人以上50人未満				20人以上50人未満										

注1 就寝を伴う施設については、非常ベル、自動式サイレンまたは放送設備のうち努めて放送設備を設置するよう指導すること（S62.4.10消防予第54号）

注2 収容人員の合計が50人以上の場合は防火対象物全体に設置が必要になる。50人未満の場合は、令9の適用を受けるため（5）項イ、（6）項イまたは（9）項イが存するものは、各用途ごとに収容人員20人以上で設置の必要がある

注3 地階の収容人員と無窓階の収容人員の合計（20人以上の場合は、防火対象物全体に設置が必要となる）

注4 収容人員の合計が500人以上の場合は、防火対象物全体に設置が必要となる。また、収容人員の合計が500人未満の場合は、令9の適用を受けるため（1）項～（4）項、（5）項イ、（6）項または（9）項イが存するものは、各用途ごとに収容人員300人以上で設置の必要がある

注5 令9の適用を受けるため（5）項ロ、（7）項または（8）項が存するものは、各用途ごとに収容人員800人以上で設置の必要がある

音圧の種類と放送区域（消防法施行規則25条の2）

種類	音圧の大きさ	放送区域
L級	92db以上	100㎡を超える放送区域 50㎡を超え100㎡以下の放送区域 50㎡以下の放送区域 階段または傾斜路
M級	87db以上92db未満	50㎡を超え100㎡以下の放送区域 50㎡以下の放送区域
S級	84db以上87db未満	50㎡以下の放送区域

トラブル事例　古い非常警報設備（ベル・起動装置・位置表示）を更新する場合、各々を連動させるための配線の本数や、機器の違いで連動自体できない場合があるので、更新時には本体だけでなくシステム全体の構成を確認して計画をした方が良いケースがあります。

避難器具の設置基準

設置基準

避難器具の設置については、防火対象物の全体の規模には関係なく、防火対象物の階の用途とその階の収容人員の数によって決まります。また、用途、設置階などにより設置できる避難器具の種類も決まっています。

どのような防火対象物でも、3階以上の階に収容人員が10人以上で、避難階または地上に直通する階段が2つ以上設けられていない階には、避難器具を設置しなければなりません。用途の2項、3項、16項イの複合用途で2階に2項、3項がある場合は、2階も適用対象となり、これが基本となります。

収容人員が20人以上の6項については、避難器具の設置が必要となり、対象階は地階と2階以上です。収容人員が30人以上の5項についても、設置が必要となり、対象階は地階と2階以上です。5項、6項での避難器具の設置個数は、各階で収容人員が100人以下の場合は避難器具1個以上、100人を超える場合、更に1個追加となり、それから100人増すごとに1個ずつ追加となります。

収容人員が50人以上の1〜4項、7〜11項については、設置が必要となり、対象階は地階と2階以上です。避難器具の設置個数は、各階で収容人員が200人以下の場合は避難器具1個以上、200人を超える場合、更に1個追加となり、それから200人増すごとに1個ずつ追加となります。

収容人員が地階または無窓階では100人その他では150人以上の12項（工場等）、15項（一般事務所等）については、各階で収容人員が300人以下の場合は避難器具1個以上、300人を超える場合、更に1個追加となり、それから300人増すごとに1個追加となります。対象階は、地階と3階以上です。

避難器具の免除

設置対象物の設置個数に対して、対象物の階段が屋外避難階段、特別避難階段または屋内避難階段がある場合、階段の合計数の避難器具の設置個数を免除できます。また、主要構造部が耐火構造で、渡り廊下を設けた場合、渡り廊下のある階は、渡り廊下の数の2倍の避難器具設置個数が免除できます。

また、主要構造部が耐火構造で、開口部には防火戸または鉄製網入りガラスで、2つ以上の直通避難階段が隔たった位置にあり、バルコニーなどを利用して、2つ以上の異なった経路で直通階段に到達できるような場合、設置自体が免除されます。また、多数階に避難器具を設置する場合、同一直線状にならないように設置します。

Part1 消防用設備と法律

Part2 消火設備

Part3 火災報知設備・避難設備

Part4 防火設備・排煙設備

Part5 防犯設備

Part6 セキュリティシステム

避難器具の設置基準（消防法施行令25条）

条文 防火対象物	令第25条	必要個数	耐火構造で、避難階または地上に直通する避難階段、特別避難階段が2以上あるもの
(1)項～(4)項、(7)項～(11)項	2階以上の階または地階で、収容人員が50人以上のもの（主要構造部を耐火構造とした建築物の2階を除く）	200人以下の時1個以上。200人を超える時は1個に200人までを増すごとに1個を加えた個数以上	400人以下の時1個以上。400人を超える時は1個に400人までを増すごとに1個を加えた個数以上
(5)項	2階以上の階または地階で、収容人員が30人（下階に(1)項～(4)項まで、(9)項、(12)項イ、(13)項イ、(14)項または(15)項に掲げる防火対象物が存する場合は10人）以上のもの	100人以下の時1個以上。100人を超える時は1個に100人までを増すごとに1個を加えた個数以上	200人以下の時1個以上。200人を超える時は1個に200人までを増すごとに1個を加えた個数以上
(6)項	2階以上の階または地階で、収容人員が20人（下階に(1)項～(4)項まで、(9)項、(12)項イ、(13)項イ、(14)項または(15)項に掲げる防火対象物が存する場合は10人）以上のもの		
(12)項、(15)項	3階以上の階または地階で、収容人員が3階以上の無窓階、地階にあっては100人以上、その他の階にあっては150人以上のもの	300人以下の時1個以上。300人を超える時は1個に300人までを増すごとに1個を加えた個数以上	600人以下の時1個以上。600人を超える時は1個に600人までを増すごとに1個を加えた個数以上
(16)項	各用途ごとの設置基準による	各用途ごとの設置基準による	各用途ごとの設置基準による
令別表 第1全対象物	3階（(2)項および(3)項、並びに(16)項イに掲げる防火対象物で2階に(2)項または(3)項に掲げる防火対象物の用途に供される部分が存するものにあっては、2階）以上の階のうち、当該階（当該階に避難上有効な開口部を有しない壁で区画されている部分が存する場合にあっては、その区画された部分）から避難階または地上に直通する階段が2以上設けられていない階で、収容人員が10人以上のもの	(5)項、(6)項に同じ	

避難器具の免除の例

（S43.1.8消防庁予防課長8）

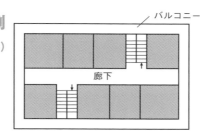 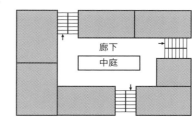

バルコニーを利用して、2か所以上の直通避難階段へ2つの方法で行けることまたは、当該階のどの部分からでも2か所以上の直通避難階段へ2つの方法で行けること

避難器具の配列

（消防法施行規則27条、
　H8.4.16告示2）

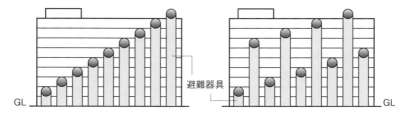

避難器具は、全ての避難器具を降下させた場合、避難空間が重ならないように配置をしておかなければならない。ただし、すべり棒、避難橋、避難用タラップは除かれる

用語解説　特別避難階段……階段室に入る前に排煙設備の備えた付室またはバルコニーを経由で出入りをする階段で、階段室への煙の流入がなく、屋内避難階段より安全性が高い階段です。階段室・付室は、耐火構造の壁で、仕上げは下地ともに不燃材が使用されています。

避難はしご

避難はしごの種類

　金属製避難はしごには、固定はしご、立てかけはしご、つり下げはしご、ハッチ用つり下げはしごがあり、検定対象品です。避難はしごは、2本以上の縦棒(間隔が内法寸法30〜50㎝)に、握り太さが直径14㎜以上35㎜以下の円形または同等の太さの形状の断面の横桟を間隔25〜35㎝の等間隔で配置をした構造となっています。

　固定はしごは、振動または衝撃などによって止め金具などが容易にはずれないような保安措置をし、防火対象物に固定されたはしごです。横桟が縦棒内に収納されて、使用時に横桟が開き使用可能な状態にする収納式もあります。

　立てかけはしごは、上部支持点、下部支持点に滑り止めおよび転倒防止のための安全措置を設けたはしごです。

　避難はしごの中でも一番よく使われている方式がつり下げはしごです。防火対象物の柱、梁など、または窓枠などで固定をして、使用時につり下げて上から下へ降ろして使用する方式で、足がかりのために壁面から10㎝以上の距離を保つような突子が設けられている構造になっています。一般的には、縦棒部が横桟部へ折り畳まれ収納できる折畳式と縦棒部がワイヤーでできており、下部より丸めて収納しておけるワイヤーロープ式があります。また、上部支持部には、窓枠などにかけて固定する自在金具式と手すりや固定環などに固定をするナスカンフック式などがあります。

　ハッチ用つり下げはしごは、避難器具用ハッチに収納されていて、使用の際、壁面などに突子が接触できない場合に使用されるはしごで、降りる際に揺れにくい構造となっています。

避難はしごの設置

　避難はしごを設置する場合、使用に差し支えのない0.5㎡以上の操作面積が必要です。設置する開口部は、高さ0.8m以上幅0.5m以上または、高さ1m以上幅0.45m以上必要で、開口部を床面に設ける場合は、直径0.5m以上の円が内接できるものとなっています。更に、開口部から地上までの降下空間に架空電線、樹木、看板、屋根、庇などの障害がないようにしなければなりません。避難はしごの場合、横棒の中心部からそれぞれ外方向に0.2m以上および器具の前面から奥行0.65m以上の角柱形の範囲となります。避難ハッチの場合、ハッチの開口部面積以上となっています。降下した場所で、使用者が避難器具からの離脱あるいは着地してからの体勢を整えるために地上に安全な空地が必要で、避難空地といいます。避難はしごの避難空地は、降下空間の投影面積以上で、安全な道路、広場に通じている場所を選定しなければなりません。

避難はしごの種類

固定はしご

防火対象物に止め金具などで保安措置をする

立てかけはしご

上部支持点と下部支持点に安全措置を設ける

つり下げはしご

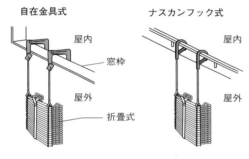

窓枠などにかけて固定する自在金具式と
手すりや固定環などに固定するナスカンフック式がある

ハッチ用つり下げはしご

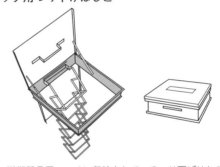

避難器具用ハッチに収納されているつり下げはしご

避難はしごの降下空間と避難空地

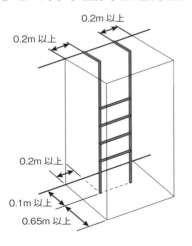

避難空地は降下空間の投影面積（真上から
見た面積）以上で安全な道路や広場に通じ
ている場所を選定して設置する

用語解説　投影面積……避難器具の降下空間を真上から見た時の避難空地の面積のこと。

Part1　消防用設備と法律

Part2　消火設備

Part3　火災報知設備・避難設備

Part4　防火設備・排煙設備

Part5　防犯設備

Part6　セキュリティシステム

避難用タラップ・避難橋

避難用タラップ

　避難用タラップとは、手すりのついた鉄製階段で、避難器具としては地階、2階、3階で使用が可能です。

　避難用タラップの構造、材質および強度は、次のようになっています。

　安全、確実かつ容易に使用される構造のもので、踏板、手すりなどにより構成されるものです。半固定式のもの（使用時以外は、タラップの下端を持ち上げておくもの）は、一動作で容易に架設できる構造のものとしなければなりません。避難用タラップの手すり間の有効幅は、50cm以上60cm以下で、高さは70cm以上とし、手すり子の間隔は80cm以下となります。踏面には、滑り止めの措置をし、寸法は20cm以上必要で、けあげの寸法は30cm以下とします。踊場は、避難用タラップの高さが4mを超えるものにあっては、高さ4mごとに、踏幅1.2m以上の踊場を設ける必要があります。避難用タラップの材質は、踏板、手すり、手すり子および支持部は、鋼材、アルミニウム材またはこれと同等以上の耐久性を有するものとします。

　降下空間は、踏面の上方2m以上およびタラップの最大幅員の範囲内とします。

　操作面積は、器具を使用するのに必要な広さとし、設置する開口部の大きさは、高さは1.8m以上で、幅は避難用タラップの最大幅以上となっています。

避難橋

　建築物相互を連絡する橋状のもので、両端が固定し常時使用できるものと、使用時のみ架設できる移動式のものがあります。

　避難橋は、安全、確実、容易に使用される構造のもので、橋げた、床板および手すりなどにより構成されています。避難橋は、安全上十分なかかり長さを有するものであり、移動式のものは、架設後のずれを防止する装置が必要になります。

　主要な部分の接合は、溶接、リベット接合またはこれと同等以上の強度を有する接合とします。床板は、勾配を1/5未満とし、すべり止めの措置をし、すき間の生じない構造、床板と幅木とは隙間を設けないものとします。手すりなどは、避難橋の床板などの両側に取付け、高さは1.1m以上、手すり子の間隔は18cm以下、幅木の高さは18cm以上必要です。手すりと床板との中間部に、転落防止のための措置をする必要があります。材質は、構造耐力上主要な部分を不燃性のものとし、橋げた、床板、幅木および手すりは鋼材、アルミニウム材またはこれと同等以上の耐久性を有するものを使用します。積載荷重は3.3kN/㎡で、たわみは支持間隔の1/300を超えないようにする必要があります。

Part1 消防用設備と法律

Part2 消火設備

Part3 火災報知設備・避難設備

Part4 防火設備・排煙設備

Part5 防犯設備

Part6 セキュリティシステム

避難用タラップ

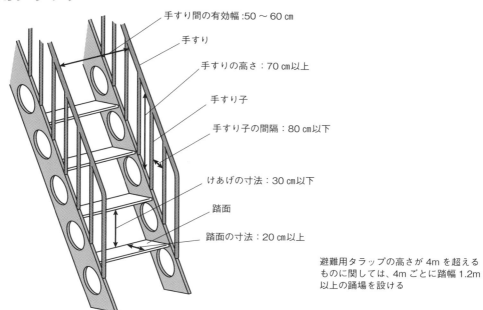

手すり間の有効幅：50 ～ 60 ㎝

手すり

手すりの高さ：70 ㎝以上

手すり子

手すり子の間隔：80 ㎝以下

けあげの寸法：30 ㎝以下

踏面

踏面の寸法：20 ㎝以上

避難用タラップの高さが 4m を超える
ものに関しては、4m ごとに踏幅 1.2m
以上の踊場を設ける

避難橋

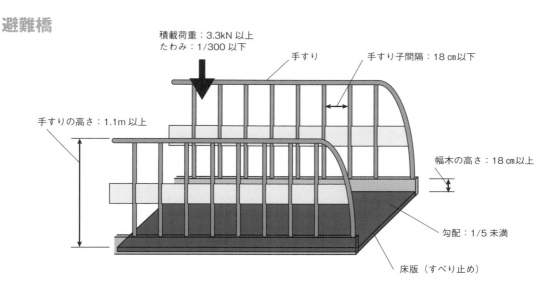

積載荷重：3.3kN 以上
たわみ：1/300 以下

手すり

手すり子間隔：18 ㎝以下

手すりの高さ：1.1m 以上

幅木の高さ：18 ㎝以上

勾配：1/5 未満

床版（すべり止め）

構造耐力上主要な部分を不燃性のものとし、橋げたの床板、幅木、手すりは
鋼材にアルミニウム材と同様以上の耐久性を有するものを使用する

用語解説	リベット接合……対象物を重ね合わせ穴を開け、片側は半球状あるいは円錐状、円盤状になっているアルミや真鍮で作られた円筒状のリベットを差し込み、反対側を専用工具やハンマーで叩き潰す、または加熱して専用のリベットハンマーでかしめるなどの方法で固定する接合方法。

緩降機

緩降機の構成

　緩降機は、使用者が他人の力を借りずに自重により自動的に連続交互に降下することができる機構で調速器、調速器の連結部、ロープおよび着用具で構成されています。常時取付け具に固定されて使用する固定式と、使用時に取付け具に取付けて使用する可搬式があります。

　固定式は、常時取付け具に固定されているため、調速器を取付金具に取付ける手間が省けます。可搬式は、一般に収納した時の見た目が固定式に比べて良好です。調速器は、緩降機の降下速度を一定の範囲に調節する装置で滑車、歯車、遠心ブレーキで構成されており、安全に降りることができるように、降下速度を調整します。ロープが動くと滑車軸に連動した歯車が回転し、その回転が速まると遠心ブレーキが働いて、加速度をゼロに保ちます。このため、緩降機は体重や降下距離にかかわらず一定の速度で降下することができ、着地時のショックもありません。取付け具と調速器を連結する部分を調速器の連結部といいます。着用具は、使用者が着用することにより使用者の身体を保持する用具で、一部が輪状になっており，中に入っているスプリングによって装着した後の着用具のずれ落ちを防ぎます。また輪になった部分はクッションがついていますので，降下時の避難者のベルトによる圧迫を防ぎます。緊

結金具は、ロープと着用具を連結する金具です。リールは、ロープおよび着用具を収納するために巻き取る用具で、樹脂製は投げ降ろした時に人に当たっても安全なように軽量化されていて、二次災害を防ぐため転がらないような形状になっています。

　緩降機は降下の際、ロープが防火対象物と接触しないように、壁面から15〜30cm離れた場所になるように取付け金具を設置します。ロープの長さは、取付け位置から地盤面の降着面までの長さとします。操作面積は、0.5㎡以上で、1辺の長さは各々0.6m以上とします。降下空間は、器具を中心とした半径0.5mの円形柱の範囲内とします。避難空地は降下空間の投影面積です。

緩降機の使用方法

　緩降機の使用方法は、建物の床・壁にアンカーボルトなどで固定されている取付け金具をセットします。ロープの巻いているリールを外へ落とし、その後、もう一方の着用具を装着します。着用具の装着は、避難者が着用具の輪になった部分に体を通し、脇から胸元あたりへくるように装着します。2本のロープを持って外へ出て、体を壁面に向けてロープをはなし降下をします。降下とともに、先に下へ落としていたもう一方の装着部が上の調速機の方へ上がり、交互に1人ずつ降下できるようになります。

緩降機の構成

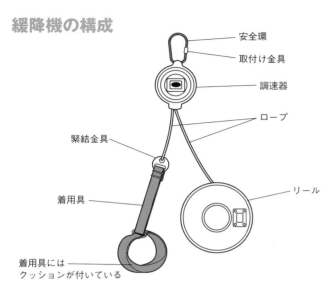

- 安全環
- 取付け金具
- 調速器
- ロープ
- 緊結金具
- 着用具
- リール
- 着用具にはクッションが付いている

緩降機の使用法（固定式）

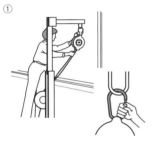

① 調速機のフックを吊環に掛け、安全環を確実に締めて確認する

② ロープの巻いてあるリールを外に投下する

③ 着用具を胴部に着用し、ベルトを両手で持ち体を後ろに倒すと、ベルトが締まる

④ 2本のロープを持って外へ出て、身体を壁面に向けてロープをはなして降下する

⑤

⑥ 着地したら上で待っている人のために、素早く着用具をはずし、安全な場所に移動する

| トラブル事例 | 緩降機は、点検時もしくは訓練時に転落による事故が発生しております。点検・訓練は原則として2人以上で実施するものとし、互いに十分な安全確認を行った上で降下する必要があります。 |

Part1 消防用設備と法律
Part2 消火設備
Part3 火災報知設備・避難設備
Part4 防火設備・排煙設備
Part5 防犯設備
Part6 セキュリティシステム

救助袋

救助袋の構成

　救助袋は、入口金具、袋本体、緩衝装置、取手および下部固定金具（斜降式に限る）などから構成され、防火対象物の窓またはバルコニーなどから地上へ使用者が袋の中を滑り降りることによって避難するものです。救助袋の技術上の基準（昭和53年消防庁告示第1号）により構造および機能に関する基準が定められており認定対象品となります。救助袋は、展張方式により取付け口から地上の避難場所へおおむね45°の傾斜をもたせて降下する斜降式のものと、取付け口から地上へ垂直に直接降下する垂直式のものとがあります。尚、告示前の救助袋と告示基準適合品（認定品）のものとは機能の安全性と減速する方式に大きな相違点があります。

　斜降式救助袋は、袋本体を地盤面などに対しおおむね45°の傾斜を持たせて展張するもので、降下速度は、7m/秒以下となるように調整されています。また、その形状から角型および丸型に分類され、降下方向により直面降下方式、側面降下方式、左右斜め降下方式があり、いずれも袋本体にかかる引張力を負担するための展張部材と摩擦衝撃を受ける滑降部を二重構造としたものです。

　垂直式救助袋は降下速度（平均4m/秒以下）を適宜調節する方式で袋本体内にらせん状の経路を設け、その滑降角度により調速されるものと蛇行経路を設け調速し、降下する方式の救助袋があります。ただし、現在はほとんどのメーカーがらせん状の救助袋を採用しています。

　斜降式救助袋の降下空間は、救助袋の下方および側面の方向に対し上部にあっては25°、下部にあっては35°による範囲内で、防火対象物の側面に沿って降下する場合の救助袋と壁面との間隔は、0.3m（庇などの突起物のある場合にあっては突起物の先端から0.5m（突起物が入口金具から下方3m以内の場合にあっては0.3m））以上とします。垂直式救助袋の降下空間は、救助袋の中心から半径1mの円柱形の範囲で、救助袋と壁との間隔は0.3m以上（庇などの突起物がある場合にあっては救助袋と突起物の先端との間隔は0.5m（突起物が入口金具から下方3m以内の場合にあっては0.3m））以上必要です。降下空間および避難空地をほかの垂直式救助袋と共用する場合にあっては器具相互の外面を1mまで接近させることができます。

　救助袋を展開する窓の大きさは、高さ60cm、幅60cm以上必要です。また、救助袋を展開するために必要な操作面積は、幅1.5m奥行1.5mですが、操作の支障のない2.25㎡内で形状を変更できます。避難空地は、斜降式で、袋出口前方2.5mおよび袋の中心線から左右1m以上の範囲です。

救助袋

告示前と告示基準適合品（認定品）の違い（S53.3.13 消防庁告示1）

	告示前	告示後
使用材料	袋の製造にサイザルロープ、綿帆布など数十年の経年の劣化により強度の低いものを使用している部分があった	全ての材料にビニロン、ナイロンなどの化学繊維を使用
仕　様	斜降式のものについてはほとんど現行と違いはないが、垂直式のものについては、蛇行式やスパンデックスや、スプリングによる緊迫式などがあり、体重によってはその降下速度も異なり、スパンデックスにおいては、使用頻度、経年劣化で伸縮性がなくなる恐れがあった	どのメーカーの垂直式救助袋もらせん式を採用し、体重による降下速度のはばが少なくなり、安全センターの認定の基準によっても降下時の最高速度の規定が設けられた
設置について	メーカー独自の基準によりアンカーの安全性や、救助袋の出口の高さなどが決められていた。特に垂直式の救助袋の出口高さは使用材料から経年により縮んだりすることもあり、出口が地上より1m以上ある場合があった	アンカーのピッチ、径、コンクリート強度も含めた告示基準があり、垂直式救助袋の出口高さも無荷重で500mm以下と定められている

救助袋の構成

斜降式救助袋

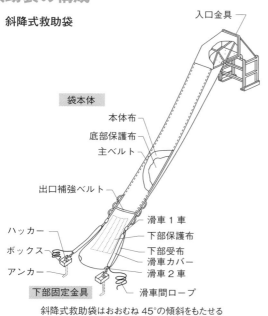

斜降式救助袋はおおむね45°の傾斜をもたせる

垂直式救助袋

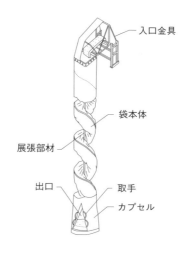

垂直式救助袋は救助袋と建物の壁面の間隔を0.3m以上とする

トラブル事例

救助袋は、点検時もしくは訓練時に事故が発生しております。おもな原因は、救助袋の中で足が引っ掛かり崩れた姿勢で着地をしたためで、ケガにつながりました。救助袋を使用する時は、靴を脱ぎ、ひじとひざでブレーキをかけながらゆっくり落ち着いて降りるようにしてください。

Part1 消防用設備と法律
Part2 消火設備
Part3 火災報知設備・避難設備
Part4 防火設備・排煙設備
Part5 防犯設備
Part6 セキュリティシステム

非常用エレベーター

非常用エレベーターの基準

非常用エレベーターは、火災時に消防隊が消火作業および救出作業に使用するものです。建築基準法により、高さ31mを超える建築物または地上11階以上の建築物に設置することが義務付けられています。

非常用エレベーターには、消防隊が素早く消火活動できるようにエレベーターのかご室の大きさ、速度、運転機能などの仕様および乗降口などの建物周りまで、細かな基準が定められています。

①定員は、17名(積載荷重1,150kg)以上で出入り口の幅は1m以上とする

②定格速度は60m/分以上とする

③かご内と中央管理室との連絡のための電話装置を設ける

④停電時にも運行できるように1時間以上電源を供給できる予備電源を設ける

⑤電線は、火災で焼けないよう耐火電線を用いて配線する

⑥消防隊到着後、すぐに使用できるように避難階かご戻し装置を備える

⑦消火作業上、ドアが開いた状態でも運転できるかご扉インターロック解除装置を備える

⑧消火のためのエレベーターホールの面積は、エレベーター1基当たり10㎡以上とする

⑨設置されている建物の全ての階に停止できる

⑩乗場には非常用エレベーターを示すプレートを掲示する

非常用エレベーターの運転

非常用エレベーターは、乗降ロビーの呼び戻しボタンまたは中央管理室の呼び戻しスイッチの操作により、非常時運転状態になります。非常時のエレベーター運転は、かご内に消防士が乗り、特定のキーを使って行います。

1次消防・2次消防切り替えスイッチがあり、1次消防運転では乗場からの呼び出しが無効になり、専用運転となります。2次消防運転では乗場の戸閉検出装置が無効となり、かごまたは乗場の扉が閉まらない状態でも運行可能になります。この場合は、速度は90m/分に制限されます。

非常用エレベーターは、日頃は荷物配送やビルメンテナンス要員、警備員の移動に用いられています。用途種別が「人荷用」となっており、一般客の目に触れないように設置されることが一般的です。

非常用エレベーターは避難用ではなく、人命救出と消火活動を行う消防隊専用のエレベーターとなります。避難はあくまでも避難階段を利用することになります。

Part1 消防用設備と法律

Part2 消火設備

Part3 火災報知設備・避難設備

Part4 防火設備・排煙設備

Part5 防犯設備

Part6 セキュリティシステム

非常用エレベーター

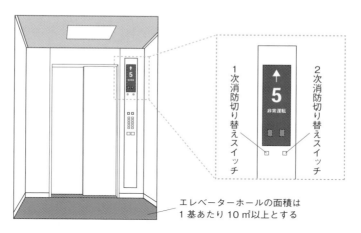

1次消防切り替えスイッチ

2次消防切り替えスイッチ

↑
5
非常運転

エレベーターホールの面積は
1基あたり10㎡以上とする

非常用エレベーターの運転

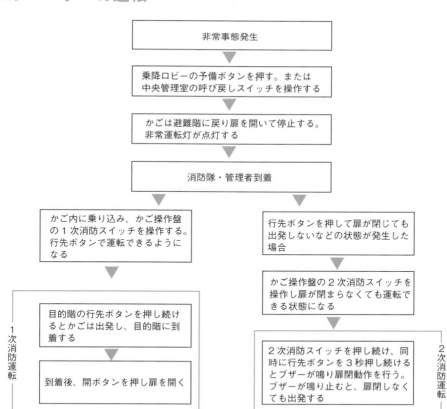

非常事態発生

乗降ロビーの予備ボタンを押す。または
中央管理室の呼び戻しスイッチを操作する

かごは避難階に戻り扉を開いて停止する。
非常運転灯が点灯する

消防隊・管理者到着

かご内に乗り込み、かご操作盤
の1次消防スイッチを操作する。
行先ボタンで運転できるように
なる

行先ボタンを押して扉が閉じても
出発しないなどの状態が発生した
場合

かご操作盤の2次消防スイッチを
操作し扉が閉まらなくても運転で
きる状態になる

目的階の行先ボタンを押し続け
るとかごは出発し、目的階に到
着する

到着後、開ボタンを押し扉を開く

1次消防運転

2次消防スイッチを押し続け、同
時に行先ボタンを3秒押し続ける
とブザーが鳴り扉閉動作を行う。
ブザーが鳴り止むと、扉閉しなく
ても出発する

2次消防運転

用語解説	避難階かご戻し装置……通常の運転制御装置を停止させ、かご室を避難階または、その真上、真下の階に呼び戻す装置。避難階、その真上、真下の階、中央管理室で作動できるようになっている。

誘導灯

誘導灯の種類・設置基準

　誘導灯、誘導標識は、屋内から直接地上へ通じる出入口や避難階段、特別避難階段などの有効に避難できる場所を表示し、迅速かつ安全に避難誘導することを目的としています。誘導灯には、設置場所に応じて避難口誘導灯、通路誘導灯、客席誘導灯の3種類があり、通常は常用電源で点灯し、停電時は非常電源で点灯します。

　誘導灯、誘導標識は、設置場所および目的別に、避難口誘導灯、通路誘導灯、客席誘導灯、特殊誘導灯があります。避難口誘導灯は、緑色の地に避難口であることを示すシンボルを表示したもので、屋内から直接地上へ通ずる出入口、直通階段の出入口、避難口に通じる廊下または通路に通じる出入口に設置します。通路誘導灯は、白色の地に避難の方向を示すシンボルを表示したもので、廊下または通路の曲がり角、各誘導灯の有効範囲を包含するために必要な個所に設置されます。客席誘導灯は、劇場、映画館、公会堂など、非常の場合無用の混乱を起こさないように、床面の避難上有効な照度を確保するため客席の通路部分に設けるものです。特殊誘導灯は、誘導灯用信号装置などを経由して自火報と連動して点滅するものや、火災時のみ100％の明るさになり、通常は20％に減光しているもの、映画館などのように、消灯し火災時に自火報と連動して点灯するタイプなどがあります。また、延べ面積5万㎡以上もしくは15階建以上で3万㎡を超える大規模、高層対象物など避難に時間がかかるところについての主要な避難通路には、非常電源の容量が60分以上の長時間定格型誘導灯を設置しなければなりません。

　避難口誘導灯および通路誘導灯は、表示面の縦寸法および表示面の明るさによって、A級、B級、C級に区分されます。また、この区分ごとに誘導灯の有効範囲が歩行距離で決められています。

誘導灯設置の緩和

　次のような場合、誘導灯の設置が緩和されます。居室の各部分から主要な避難口を容易に見通し、識別することができる階で、避難口に至る歩行距離が避難階にあっては20m以下、避難階以外の階にあっては10m以下である場所。また、避難が容易であると認められる防火対象物またはその部分として、避難階にある居室で、直接地上に通ずる出入口で、室内の各部分から、避難口を容易に見とおし、識別することができ、室内の各部分から当該避難口に至る歩行距離が30m以下であり、高輝度蓄光式誘導標識が設けられている場合です。

　階段部に設置する通路誘導灯について、非常照明などが設置されていれば、免除されます。

誘導灯の区分（消防法施行規則28条の3）

区分		表示面の縦寸法（m）	表示面の明るさ（cd：カンデラ）		有効範囲距離(m)
避難口誘導灯	A級	0.4 以上	50 以上	避難の方向を示すシンボルのないもの	60
				避難の方向を示すシンボルのあるもの	40
	B級	0.2 以上 0.4 未満	10 以上	避難の方向を示すシンボルのないもの	30
				避難の方向を示すシンボルのあるもの	20
	C級	0.1 以上 0.2 未満	1.5 以上	避難の方向を示すシンボルのないもの	15
通路誘導灯	A級	0.4 以上	60 以上	避難の方向を示すシンボルのないもの	20
	B級	0.2 以上 0.4 未満	13 以上	避難の方向を示すシンボルのないもの	15
	C級	0.1 以上 0.2 未満	5 以上	避難の方向を示すシンボルのないもの	10

誘導灯の種類

避難口誘導灯の種類

屋内から直接地上へ通じる出入口、直接階段の出入口、避難口に通じる廊下または通路に通じる出入口に設置する。矢印の付いたものは、出入口の近くに設置し、避難口の方向を示すもので、C級では認められていない

通路誘導灯の種類

  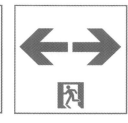

廊下または通路の曲がり角に設置され、避難方向の明示、床面照度の確保を目的としている。階段に設置するものは避難方向の明示がないものとなる

客席誘導灯

劇場、映画館、公会堂などで、床面の避難上有効な照度を確保するために客席の通路部分に設ける

ワンポイントアドバイス　誘導灯は24時間点灯していますので、電力も消費するし従来型ですと蛍光灯も劣化します。近年注目されているLED型は従来型（蛍光灯）から比べると、消費電力で80〜90%も削減できます。

Part1　消防用設備と法律
Part2　消火設備
Part3　火災報知設備・避難設備
Part4　防火設備・排煙設備
Part5　防犯設備
Part6　セキュリティシステム

誘導標識

誘導標識の種類・設置基準

　誘導標識は、誘導灯の有効範囲以外について、全ての対象物で設置しなければなりません。誘導標識には、避難口に設置する避難口誘導標識と廊下、階段、通路などに設置する通路誘導標識があります。更に、りん光などにより光を発する蓄光式があり、照度200lxの外光を20分間照射し、その後20分経過した後の表示面が24mcd/㎡以上100mcd/㎡未満を中輝度蓄光式とし、100mcd/㎡以上を高輝度蓄光式といいます。

　誘導標識の設置については、次の基準に基づき設置します。

①誘導標識は、避難口である旨または避難方向を明示した緑色の標識であり、多数の人の目に触れやすい箇所に、避難上有効に設けること

②避難口または階段に設けるものを除き、各階ごとに、その廊下および通路の各部分から位置の誘導標識までの歩行距離が7.5m以下となる箇所および曲り角に設けること

③多数の者の目に触れやすく、採光が識別上十分である箇所に設けること

④誘導標識の周囲には、誘導標識とまぎらわしい、または誘導標識をさえぎる広告物、掲示物などを設けないこと

　尚、居室の各部分から主要な避難口を容易に見通しができ、識別することができる階で、避難口に至る歩行距離が30m以下であるもの（避難階以外の階にあっては、地階および無窓階を除く）は設置が免除されます。

高輝度蓄光式誘導標識の設置

　高輝度蓄光標識は下記場所で誘導灯に代えて設置できます。

　コンビニのように誘導灯の設置義務がある物件で、避難階で室内どこからでも避難口を容易に見通せて、室内各部から避難口までの歩行距離が30m以内の場合、高輝度蓄光式誘導標識を設置すれば、誘導灯は免除できます。その場合、避難口までの歩行距離が15m未満の場合、20分経過後の表面輝度が100mcd/㎡以上の商品を使用し、15m以上の場合は300mcd/㎡以上の商品を使用します。

　また、通路誘導灯を補完する役割として、カラオケボックスなどにおいては、通路誘導灯を床面より1m以内に設置をしなければなりませんが、高輝度誘導標識を床面より1m以内に設置するとその必要はありませんが、通路誘導灯自体は免除されません。

　更に、非常電源の容量が60分以上の長時間定格型誘導灯を設置しなければならない物件について、通常照明消灯後60分経過した後の表示面が75mcd/㎡以上の高輝度誘導標識を床面より1m以内に設置をした場合、通路誘導灯の非常電源の容量は20分以上のもので設置できます。

Part1 消防用設備と法律

Part2 消火設備

Part3 火災報知設備・避難設備

Part4 防火設備・排煙設備

Part5 防犯設備

Part6 セキュリティシステム

高輝度蓄光式誘導灯により代替され誘導灯の設置が免除される部分
（消防法施行規則28条の2）

防火対象物区分	主要な避難口	歩行距離（m）
(1)項〜（16)項	避難階（無窓階を除く）において、屋内から直接地上へ出る避難口	20 以下
	避難階以外の階（地階、無窓階を除く）において、直通階段出入口の避難口	10 以下
	避難階にある居室の屋内から直接地上へ出る避難口（おもに当該居室に存する者が利用するものに限る） 高輝度蓄光式誘導標識が設置されている場合	30 以下
	室内の各部分から当該居室の出入口を容易に見とおし、識別することができる居室	床面積 100㎡以下
	室内の各部分から当該居室の出入口を容易に見とおし、識別することができる居室 ＋おもに防火対象物の関係者および関係者に雇用されている者が利用する居室	床面積 400㎡以下

高輝度蓄光式誘導灯により代替され通路誘導灯の設置が免除される部分
（消防法施行規則28条の2）

防火対象物区分	主要な避難口	歩行距離（m）
(1)項〜（16)項	避難階（無窓階を除く）	40 以下
	避難階以外の階（地階、無窓階を除く）	30 以下
	避難階にある居室の屋内から直接地上へ出る避難口（おもに当該居室に存する者が利用するものに限る） 高輝度蓄光式誘導標識が設置されている場合	30 以下
	廊下、通路の各部分が避難口誘導灯の有効範囲内に包含されるもの	
	通路誘導灯（階段、傾斜路に設けるもの）非常用の照明装置により、避難上必要な照度が確保されるとともに、避難の方向の確認（当該階の表示など）ができる場合	

高輝度蓄光式誘導標識の種類と設置基準
（消防法施行規則28条の2、28条の3、H22.4.9消防庁予防課長177）

（財）日本消防設備安全センターの認定基準値			高輝度蓄光式誘導標識の設置基準			
標識区分	標識板周辺の照度	残光輝度性能認定基準値 表示面の輝度 （mcd/㎡）	小規模路面店舗での高輝度蓄光式誘導標識設置基準		カラオケボックスなどの通路誘導灯の補完	大規模・高層建物・地下街・非常電源容量60分通路誘導の補完
		20分後 / 60分後	避難口から該当居室の再遠部までの歩行距離（D）			
			15 m未満	15 m以上		
S 級	200lx	250 以上 / 75 以上	20 分後 100mcd/㎡以上[*]	20 分後 300mcd/㎡以上[*]	20 分後 100mcd/㎡以上[*]	60 分後 75mcd/㎡以上[*]
A 級		200 以上 / 60 以上				
B 級		150 以上 / 45 以上				
C 級		100 以上 / 30 以上				

※誘導標識のタテ寸法の大きさh(m)　150×h(m)≧D(m)

ワンポイント アドバイス	技術の進歩により長時間、光を蓄えられる蓄光式誘導標識が市場に出てきたために、誘導灯を高輝度蓄光式誘導標識への緩和する法改正がされました。このように消防法も時代に合わせた改正をしています。

避難安全の
検証法

　平成12年の建築基準法改正で「避難安全性能」という考え方が導入されました。建物全体もしくは階全体が避難安全性能を持つことが確かめられた場合、排煙設備や内装制限など、避難関係規定の適用が一部免除され、必要最小限の設備とすることが可能となり、建設コストの削減や設計の自由度向上の可能性が生まれました。避難安全検証法の適用は店舗の階段を削減することを目的としたものが多くなっています。

　現在では、避難関係規定に関する設計手法は以下の3方法があり、選択は設計者に任されています。

　ルートA…避難関係規定の仕様基準に適合させます。

　ルートB…避難安全検証法を用いて避難安全性能の検証を行います。

　ルートC…避難安全検証方法以外の方法で避難安全性能について国土交通大臣による認定を受けます。

　避難安全検証法は基本的に自力で避難できることを前提に避難に要する時間の計算方法で作られています。そのため、病院、診療所、児童福祉施設のように自力で避難することが困難な階または建築物には避難安全検証法は適用できません。

　避難安全検証法では、避難者が避難を終了するまでの時間と煙がある高さまで降下してくる時間を求め、比較することで避難安全性能があるかどうかを判定します。全ての階の避難安全性能を確認した上で、全館の避難安全性能を確認します。

防火設備・排煙設備

初期消火に失敗した時、火災の拡がりを抑える設備や消防隊の消火活動を支援する設備などが設置されています。この章では、様々な防火設備、排煙設備を解説します。

防火設備の種類

防火区画と防火設備

火災の延焼拡大および煙の拡散を構造的に抑える施設に、防火区画、防火設備（防火戸、ドレンチャー、防火ダンパーなど）があります。

火災が発生した場合に、その火災を部分的にとどめ、ほかへの延焼を防止するとともに、煙の拡散防止をはかるために、各区画を耐火性能の優れたものとし、同時に防煙性能を持たせることが必要です。これを防火区画といい、建築基準法では、大規模建築物を一定の面積以内ごとに区画する面積区画、階段室、吹き抜け部分、ダクトスペース、エレベーターなどの竪穴を形成する部分の周囲を区画する竪穴区画、1つの建築物内に異なる用途が存する場合に一定の用途ごとに区画する異種用途区画などがあります。

防火区画された各室には、出入口や窓などの開口部が設けられていますが、防火設備はこれらの開口部を防火戸、防火シャッターなどでふさぎ、ほかの区画への延焼、煙の流入を防止する役目を果たしています。このため、防火設備は、火災に対して一定の防火性能を有し、煙の伝播を防止する構造となっています。防火戸は防火性能によって「特定防火設備」と「防火設備」に区分されています。また、構造によって、常時閉鎖状態を保持する防火戸（常時閉鎖式防火戸）と、使用上の必要性から平常時は開放しておき、火災を感知した場合に自動的に閉鎖する防火戸（自動閉鎖装置付防火戸）に区分されています。防火シャッターについては、火災を感知した場合に自動的に閉鎖するものが多いようです。

日常の維持管理

過去の火災事例を見ると、避難施設の維持管理の不適切により延焼拡大したり、死傷者が発生したケースが多く見られます。事例として、防火戸が放置された障害物により閉鎖できなかったため延焼拡大したものや、避難口の施錠などにより避難の障害となったため死傷者を生じたものがあります。

よって、防火戸のように日常頻繁に使用するものにあっては、従業員に対しその役割を十分に認識させ、担当者は日常の管理を徹底しなければなりません。過去の火災から、防火戸の不適切な管理により延焼が拡大した理由をまとめると次のようになります。

①くさび止めなどによる不作動
②閉鎖障害物やシャッターガイドの変形により、完全に閉鎖しなかった
③自動閉鎖装置の不備、ドアヒンジの不備により閉鎖しなかった

尚、防火戸の管理については、消防法8条の2の4にて「防火戸についてその閉鎖の支障になる物件が放置され、又はみだりに存置されないように管理しなければならない」と定められています。

防火戸の管理

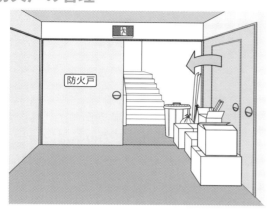

防火戸の開閉の支障になるものを放置
しないようにする

おもな防火区画（面積区画）

建築物の区分	区画の面積	
・主要構造物を耐火構造とした建築物 ・主要構造物を準耐火構造とした建築物または これと同様の性能を有する構造とした建築物	1,500㎡	
準耐火建築物としなければならない建築物	1,000㎡	①柱、梁を不燃材料、その他の主要構造部を準不燃材料とした準耐 火建築物 ②壁、柱、床、梁が1時間の火熱に耐えられる準耐火建築物
	500㎡	外壁を耐火構造とした準耐火建築物など上欄に掲げる以外の準耐火 建築物
11階以上の部分および地下街	100㎡	内装材料が可燃
	200㎡	下地を含め内装材料が準不燃材料
	500㎡	下地を含め内装材料が不燃材料

おもな防火設備

防火戸	防火設備	火災による加熱開始後20分間加熱面以外の面に火炎を出さないものとなり、旧来「乙種防火戸」と呼ばれていたもの
	特定防火設備	自動閉鎖装置などを設け、火災による加熱開始後1時間加熱面以外の面に火炎を出さない性能で、旧来「甲種防火戸」と呼ばれていたもの。常時開放状態にあるものについては、火災による煙や熱で自動的に閉鎖する機能がある
ダンパー		防火区画を貫通する換気・冷暖房などの風道に設置されているもので、貫通部分を通じて火災が区画を超えて拡大することを防止・抑制するために火災の煙や熱で自動的に閉鎖をし、火炎を遮る設備
ドレンチャー設備		並べて配置したドレンチャーヘッドから放水し、水の幕を形成する設備で、消火を目的とする設備ではなく、近接部などで発生した火災の延焼などを防火する目的の設備

トラブル 事例	平成18年6月、新潟県五泉市内の小学校において、自動火災報知設備を含めた消防用設備の点検中に、1年生男子児童が降下した防火シャッターに首を挟まれる事故が発生しました。点検時、訓練時も含め防火シャッター降下時は、付近に注意を配り事故のないようにしなければなりません。

Part1 消防用設備と法律

Part2 消火設備

Part3 火災報知設備・避難設備

Part4 防火設備・排煙設備

Part5 防犯設備

Part6 セキュリティシステム

ドレンチャー設備

延焼を防ぐ設備

　ドレンチャー設備とは、並べて配置した放水口（ドレンチャーヘッド）から放水し、水の幕を形成する防火設備です。近接部などで発生した火災の延焼などを防ぐことを目的とします。スプリンクラーなどの初期消火を目的とするものとは違いますが、システム構成はスプリンクラー設備とおおむね同じ構成となります。

使用方法

　ドレンチャー設備は、次の3分野での使用方法があります。
①消防法によるスプリンクラー設備を設置しなければならないところの代替設備として使用
②建築基準法による防火設備
③寺社などの重要文化財を延焼から守る設備

　①については、スプリンクラー設備の設置基準にて、防火対象物の10階以下の部分にある開口部で延焼の恐れのある部分については、その上枠にスプリンクラーヘッドを設けなければならないように規定していますが、消防法施行規則第15条にて、その代替設備としてドレンチャー設備が認められています。

　この場合の設置基準は、ドレンチャーヘッドを開口部の上枠に、長さ2.5m以下ごとに1個以上設け、制御弁は防火対象物の階ごとに、その階の床面からの高さが0.8m以上1.5m以下の位置に設けます。すべてのドレンチャーヘッドを同時に使用した場合に、それぞれのヘッドの先端において、放水圧力が0.1MPa以上で、かつ放水量が20ℓ/分以上の性能が必要となり、水源水量は、ドレンチャーヘッドの設置個数（当該設置個数が5を超える時は、5とする）に0.4㎡を乗じて得た水量以上が必要となります。

　②については、建築基準法施行令第109条にて「政令で定める防火設備は、防火戸、ドレンチャーその他火炎を遮る設備とする」と定められており、外壁の開口部に設ける防火戸その他の防火設備として認められています。延焼ラインにある開口部の窓ガラスなどに対して、意匠性の観点より防火設備に網入りガラスなどを採用せずに、ドレンチャー設備を設置する場合があります。旧建築基準法においては、「…消防庁の行う検定に合格したもの…」という文言がありましたが、消防法には、ドレンチャー設備の検定制度がなく、新法ではその文言が消えています。

　③については、木造建築物が多い重要文化財などに使用されるもので、近隣で発生した山火事や建築物火災などから飛来する火の粉や輻射熱から、ドレンチャー設備から放水された水幕により火の粉を消火して着床するのを防ぎ、輻射熱を冷却し対象物への延焼を防ぐ設備です。

Part1 消防用設備と法律

Part2 消火設備

Part3 火災報知設備・避難設備

Part4 防火設備・排煙設備

Part6 防犯設備

Part6 セキュリティシステム

ドレンチャーの種類

① 消防法によるスプリンクラー設備を設置しなければならないところの代替設備として
使用される場合のシステム構成図

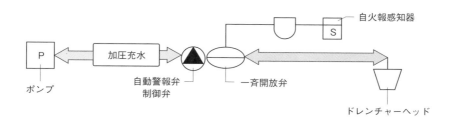

② 建築基準法による防火設備のシステム構成は、①に類似したもの

③ 寺社などの重要文化財を延焼から守る設備

③についてのドレンチャー設備は各消火メーカー
独自のシステム構成がある

水幕設備

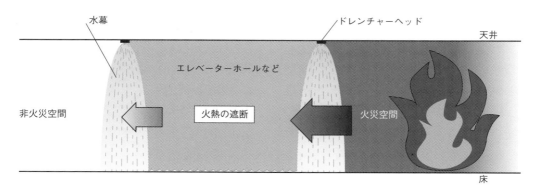

| ワンポイント アドバイス | 高圧で水を放出し水幕で区画ができれば、防火シャッターなどの区画に比べて、被災者の通り抜け避難ができ，熱や煙から人々を隔離しながら安全に避難誘導することが可能となったり、曲面的に設置できるなどの特徴があるため、開発が進められています。 |

排煙設備①

排煙設備の目的

　排煙設備は、建物の火災により発生した煙を強制的に排気する装置です。建物内の人の避難誘導と消火活動をしやすくするための設備で、排煙口、排煙ダクト、防煙壁から構成されます。排煙設備は、建築基準法と消防法で規定されています。

　建築基準法では、初期火災時の避難安全を目的とし、消防法では、火災中期から盛期にかけての消火活動支援を目的にしています。

防煙区画

　防煙区画は、火災時に広がった煙が、避難の妨げになることを防ぐために、間仕切り壁、あるいは防煙垂れ壁などで煙が拡散しないように区画をするものです。火災時にまず最初に避難の支障となるのは煙であるため、この煙の流れを制御します。火炎ではなく煙の移動を防止するためのものなので注意が必要です。煙が有害な高さまで下りてくる前に煙を排煙口から排出します。

　防煙垂れ壁は、天井から50cm以上垂れ下がった壁です。不燃材料でつくります。防煙区画は500㎡以下とし、排煙設備を区画ごとに設置します。地下街の場合は300㎡以下で80cm以上の垂れ壁とします。間仕切りによる区画は煙の伝播を直接遮ることを目的としています。

排煙口・給気口

　排煙設備は、煙の膨張力や上昇力を利用して排煙口から煙を直接外部に排出する自然排気と、機械によって強制的に排気する機械排気があります。いずれの場合でも、効率良く排煙をするためには給気口が必要です。

(1)排煙口の設置

①防煙区画の各部から排煙口までの水平距離は30m以下とする

②床面から天井高さの2分の1以上の高さで、防煙垂れ壁の下端より高位位置とする

③自然排煙の場合は、直接外気に接する

④機械排煙の場合は、排煙ダクトに接続する

　排煙口の手動開放装置は、床面より800mm以上〜1,500mm以下で見やすく操作しやすい位置に取付けます。チェーン引っ張り式などで天井から下げる場合は、床面から1,800mm程度とします。

(2)給気口の設置

①給気口は防煙区画ごとに設置する

②床面から天井高さの2分の1以下の高さの位置とする

③給気ダクトに接続するか、直接外気に接するようにする

　給気口の設置が義務付けられているのは、非常用エレベーター乗降ロビーと特別避難階段附室です。

Part1 消防用設備と法律

Part2 消火設備

Part3 火災報知設備・避難設備

Part4 防火設備・排煙設備

Part5 防犯設備

Part6 セキュリティシステム

煙の移動速度

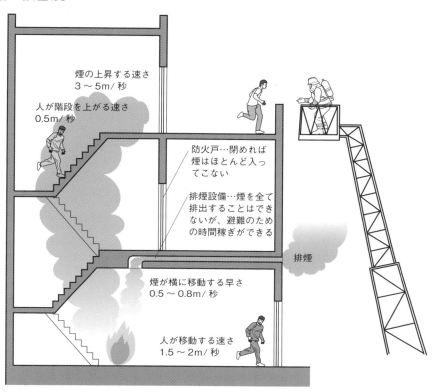

煙の上昇する速さ
3〜5m/秒

人が階段を上がる速さ
0.5m/秒

防火戸…閉めれば
煙はほとんど入っ
てこない

排煙設備…煙を全て
排出することはでき
ないが、避難のため
の時間稼ぎができる

排煙

煙が横に移動する早さ
0.5〜0.8m/秒

人が移動する速さ
1.5〜2m/秒

防煙区画と排煙口の設置

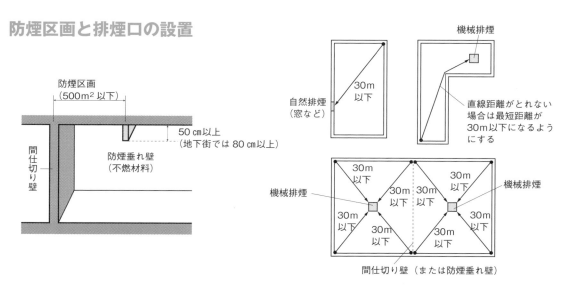

防煙区画
(500m² 以下)

50cm以上
(地下街では80cm以上)

間仕切り壁

防煙垂れ壁
(不燃材料)

機械排煙

自然排煙
(窓など)

30m
以下

直線距離がとれない
場合は最短距離が
30m以下になるよう
にする

機械排煙

30m
以下

30m
以下

30m
以下

30m
以下

機械排煙

30m
以下

30m
以下

30m
以下

30m
以下

間仕切り壁（または防煙垂れ壁）

ワンポイント アドバイス	火災の煙が廊下に出ると、秒速0.5〜0.8m程度の速度で階段や出入口に向かって流れます。この煙は暖めら れているので空気よりも軽く、天井面を層になって広がりますが、時間とともに床面近くまで降りてきます。煙 が階段室などに入ると、3〜5m/秒で上昇します。人間が階段を上る速さより数倍速いため、注意が必要です。

排煙設備②

機械排煙設備

機械排煙設備は、排煙ダクトの先に排煙機を設けて強制的に排煙する方式です。機械排煙設備の起動方式には、手動式と自動式があります。自動式を設置した場合でも必ず手動式を併設します。

⑴手動式起動装置

排煙口を手動開放装置で開くものです。防煙区画が見通すことができ、容易に操作できる位置に設けます。

⑵自動式起動装置

自動火災報知設備、閉鎖型スプリンクラーヘッドの開放などと連動して排煙設備が自動で起動します。防災センターに自動手動切替装置を設けます。

排煙機

機械排煙設備は、排煙機で煙を外部に排出します。排煙機の性能は下記のように定められています。

①非常用エレベーター乗降ロビー：240㎥/分以上
②特別避難階段付室：240㎥/分以上
③乗降ロビー兼用付室：360㎥/分以上
④それ以外の室または廊下は、以下のいずれかの大きい数値以上とする
　・120㎥/分
　・防煙区画面積１㎡につき、１㎥/分（２つ以上の防煙区画に接続している場合は、２㎥/分）
⑤地下街：300㎥/分以上（２つ以上の防煙区画に接続している場合は、600㎥/分以上）

機械排煙設備は、初期火災の段階は煙を排煙しますが、火災の拡大に伴い、火炎が流入して排煙ダクトから火災が拡大する可能性があります。ダクト内に防火ダンパーを設けて、火炎が流入して温度が上昇した時は、火炎を遮断します。

加圧防排煙設備

加圧防排煙設備は、消火活動拠点において、排煙設備に代えて設ける設備です。機械給気することで、室内の圧力を高め、煙が侵入するのを防止します。消防隊員が安全に活動できるようになります。

⑴火災発生直後

避難者に必要な空気を供給します。

⑵消防活動初期

消火活動拠点へ機械給気を行います。

⑶消防活動中期

機械給気により消火活動拠点への煙の侵入を防ぐとともに、消火活動拠点周囲へ新鮮な空気を供給します。

⑷消防活動の継続が困難な段階

避難が行える経路と接続している消防活動拠点とその周辺を清浄な状態に保つことが期待できるため、万一の場合にも建物外部まで安全な退避が可能です。

加圧防排煙設備を設置した隣室の排煙設備は、加圧給気する風量分の排出量を見込む必要があります。

Part1 消防用設備と法律

Part2 消火設備

Part3 火災報知設備・避難設備

Part4 防火設備・排煙設備

Part5 防犯設備

Part6 セキュリティシステム

機械排煙設備

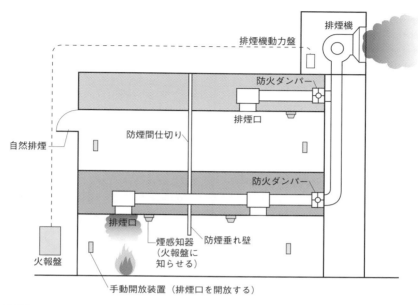

排煙機動力盤

排煙機

防火ダンパー

排煙口

防煙間仕切り

自然排煙

防火ダンパー

排煙口

火報盤

煙感知器
（火報盤に
知らせる）

防煙垂れ壁

手動開放装置（排煙口を開放する）

加圧防排煙設備

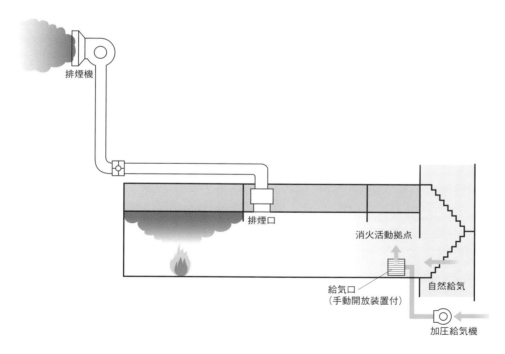

排煙機

排煙口

消火活動拠点

給気口
（手動開放装置付）

自然給気

加圧給気機

ワンポイント アドバイス	火災の煙には、人が中毒を起こす多くのガスを含んでいます。一番危険な一酸化炭素は、ヘモグロビンと酸素が結びつく速さの200〜300倍の速さで酸素と結びつくため、吸い込むと酸素不足になり、めまいや頭痛が起こり、その状況が進むと意識を失って死亡にいたります。

消火活動に必要な設備①
連結散水設備

連結散水設備の機器と構成

建築物の地下室あるいは地下街などで火災が発生した場合、煙やガスなどが充満し、最悪の場合には電源の遮断によって暗室となり、消火活動が十分に行えず火災が拡大してしまう恐れがあります。

連結散水設備は、このような状況になった場合でも消火活動を有効に行うことができるように、地下部分の天井面に散水ヘッドを設け、これと建築物外部に設ける送水口とを配管接続し、消防隊がポンプ車で外部から送水して消火するというものです。専用の送水口、散水ヘッド、更に選択弁を用いる方式のものは選択弁、およびこれらを接続する配管によって構成されています。

設置基準

連結散水設備は、全ての防火対象物で、地階の床面積の合計が700㎡以上のものに設置しなければなりません。ただし、送水口を設けたスプリンクラー設備、水噴霧消火設備、泡消火設備、不活性ガス消火設備、ハロゲン化物消火設備、粉末消火設備を設置した有効範囲には設置が免除されます。

散水ヘッドは、天井面に開放型の場合、半径3.7mで各部が包含できるように配置し、1つの放水区域のヘッド数は10個以下とします。開放型ヘッドは、放水圧力0.5MPaの時、放水量は169ℓ～194ℓ/

分となっています。閉鎖型スプリンクラーヘッドを使用する場合は、地下街、地階のスプリンクラー設備の基準により、1つの放水区域のヘッド数は20個以下とします。ただし、次の場所へは散水ヘッドの設置が免除されています。①浴室、便所、②エレベーター昇降路、パイプダクトなど、③発電機、変圧器室、電気設備を配置した部屋、④主要構造部を耐火構造とした防火対象物のうち、耐火構造の壁、床または自動閉鎖装置の防火戸で区画された50㎡以下の部分並びにエレベーター機械室、ファン室、通信機器室などです。

尚、スプリンクラー設備は、階段室などは免除されていましたが、連結散水設備は消防隊が安全に消火活動を行うために免除されていません。

送水口は、消防ポンプ自動車が容易に接近できる位置とし、双口形のものとします（散水ヘッドが4個以下の時は、単口形でも良い）。地盤面から高さ0.5～1m、または地盤面から深さ0.3m以内に設置し、連結散水設備の送水口の表示と送水区域、選択弁、送水口を明示した系統図を設置する必要があります。選択弁を設ける場合は、送水口付近に設けます。

配管径は、ヘッドの個数によって決まっています。1個の場合32A、2個40A、3個50A、4～5個65A、6個以上80Aとなっており、逆止弁と配管内の水の排水措置を設けなければなりません。

Part1 消防用設備と法律

Part2 消火設備

Part3 火災報知設備・避難設備

Part4 防火設備・排煙設備

Part5 防犯設備

Part6 セキュリティシステム

連結散水設備の構成例

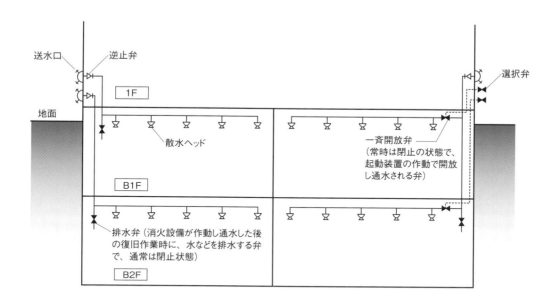

- 送水口
- 逆止弁
- 選択弁
- 1F
- 地面
- 散水ヘッド
- 一斉開放弁（常時は閉止の状態で、起動装置の作動で開放し通水される弁）
- B1F
- 排水弁（消火設備が作動し通水した後の復旧作業時に、水などを排水する弁で、通常は閉止状態）
- B2F

散水ヘッド

（写真提供：能美防災（株））

送水口

（写真提供：(株) 西日本防災システム）

トラブル事例	開放型ヘッドの場合、該当放水区域全体に放水されてしまいます。閉鎖型の場合、火災の火熱を受けた部分だけが開放され放水されるので、閉鎖型の方が水損が少なくて済むメリットがあります。

消火活動に必要な設備②
連結送水管

連結送水管の機器と構成

連結送水管は、高層建築物、地下街、準地下街、アーケード、道路の用に供される部分など、消火活動が困難な防火対象物に設置し、公設消防隊による消火活動を目的とするもので、送水口、配管、放水口、放水器具などにより構成され、建物内に設けられた連結送水管へ消防ポンプ自動車から送水し、ノズルから放水して消火活動を行う設備です。

設置基準

連結送水管は、7階以上のもの、5階以上かつ6,000㎡以上のもの、地下街延べ面積1,000㎡以上、延長50m以上のアーケード、道路の用に供する部分を有するものが設置対象となります。

放水口は、3階以上の階に設置し、11階以上の階では双口形の放水口に放水用器具を設置する必要があります。放水用器具は、1つの直通階段について階数が3以内ごとに、1つの放水口から歩行距離5m以内で、消防隊が有効に消火活動が行える位置に、長さ20mのホース4本とノズル2本を格納した格納箱を設けます。

更に、11階以上で、70mを超える高層建築物では、消防自動車からの送水を中継する加圧送水装置を設け、高層階へ送水するシステムとなります。

放水口は水平距離50mで各部を包含できるように配置します。放水口は階段室、非常用エレベーターの乗降ロビーなど消防隊が有効に消火活動を行うことができる場所に設置します。

地下街、アーケード、道路の用に供する部分では、放水口を水平距離25m（地下街は50m）で各部を包含できるように配置します。いずれの場合も放水口は床面より0.5m以上1m以下に設けます。

送水管の主管は100Aとします。送水口は双口形とし、消防自動車が容易に接近することができる位置で、送水口のホース接続口は、地盤面からの高さが0.5m以上1.0m以下の位置に設けます。送水口のホース接続口は、連結送水管の立管の数以上の数を設ける必要があります。

平成14年7月1日施行の点検要領の改正により連結送水管設備の耐圧性能試験を実施しなければならなくなりました。連結送水管は、建物の竣工時に放水試験および耐圧試験を実施しています。しかし、その後の経年変化により、配管および弁類の一部に腐食などが進んで欠陥が生じ、火災の際、消防隊が連結送水管を使用した時、漏水事故が発生し本来の機能が維持できないことより、設置後10年経過したものは耐圧試験を実施し、その後3年ごとに試験を実施するものとなっています。

Part1 消防用設備と法律

Part2 消火設備

Part3 火災報知設備・避難設備

Part4 防火設備・排煙設備

Part5 防犯設備

Part6 セキュリティシステム

連結送水管の構成例

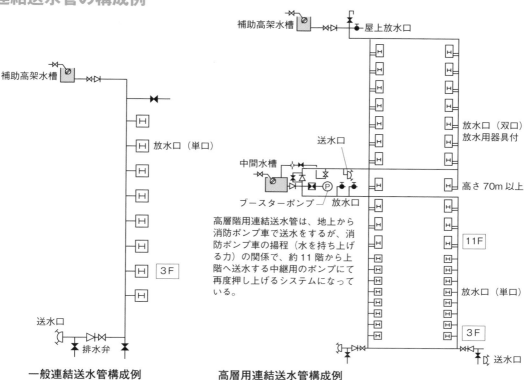

補助高架水槽

屋上放水口

補助高架水槽

放水口（単口）

送水口

送水口（双口）
放水用器具付

中間水槽

ブースターポンプ　放水口

高さ 70m 以上

11F

放水口（単口）

3F

3F

送水口

排水弁

高層階用連結送水管は、地上から消防ポンプ車で送水をするが、消防ポンプ車の揚程（水を持ち上げる力）の関係で、約11階から上階へ送水する中継用のポンプにて再度押し上げるシステムになっている。

一般連結送水管構成例　　　高層用連結送水管構成例

連結送水管耐圧試験時に発生の予想されるトラブル

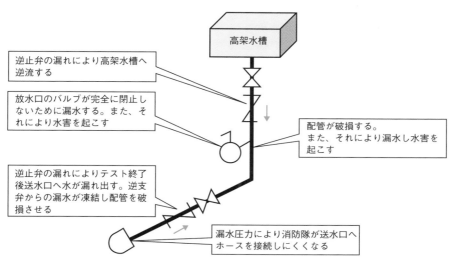

高架水槽

逆止弁の漏れにより高架水槽へ逆流する

放水口のバルブが完全に閉止しないために漏水する。また、それにより水害を起こす

配管が破損する。また、それにより漏水し水害を起こす

逆止弁の漏れによりテスト終了後送水口へ水が漏れ出す。逆支弁からの漏水が凍結し配管を破損させる

漏水圧力により消防隊が送水口へホースを接続しにくくなる

トラブル事例　2003年11月の大阪府寝屋川市のマンション火災で、連結送水管の放水口バルブの消防用ホースと接続させるところの部品が前後逆向きに付けられていたために、消防用のホースをつなげなかったトラブルがありました。

消火活動に必要な設備③
非常コンセント設備・無線通信補助設備

非常コンセント設備

　非常コンセント設備は、高層建築物や地下街の火災発生に際して、電気の供給が断たれ暗闇作業を余儀なくされても照明器具や活動資機材が有効に使用でき、効率的な消防活動ができることを目的とするものです。電源、配線、非常コンセント、表示灯などから構成されています。11階以上の防火対象物、もしくは地下街で延べ床面積1,000㎡以上の対象物に設置しなければなりません。

　非常コンセントの設置基準として、次のようなものがあります。

①防火対象物の階ごとに、その階の各部分から1つの非常コンセントまでの水平距離が50m以下となるようにし、かつ、階段室、非常用エレベーターの乗降ロビーなどの場所で、消防隊が有効に消火活動を行うことができる位置に設ける

②床面または階段の踏面からの高さが1m以上、1.5m以下の位置に設ける

③埋込式の保護箱内に設ける

④単相定格15A、125Vのものに適合すること

⑤保護箱の上部には、非常コンセントの設置箇所が明らかとなるように赤色の灯火を設ける

⑥保護箱の表面には、「非常コンセント」と表示する

無線通信補助設備

　無線通信補助設備は、地下街やトンネルなど（延べ面積1,000㎡以上）で地上からの電波が著しく減衰されたり、地下街での電波の搬送特性が悪く無線連絡が困難となった際に、防災センターおよび地上の消防隊員と地下街などの消防隊との間の無線通信の円滑化をはかるためのものです。漏えい同軸ケーブル、分配器、無線機接続端子で構成されています。無線通信を行うのに、漏えい同軸ケーブル方式、空中線方式、漏えい同軸ケーブル・空中線方式の3つの方式があります。

　設置基準は以下のとおりです。

①端子は、地上で消防隊が有効に活動できる場所および守衛室など常時人がいる場所（中央管理室）に設ける

②端子は、床面または地盤面からの高さが0.8m以上1.5m以下の位置に設ける

③端子は、次の保護箱に収容する

・保護箱内には、2m以上の可とう性のある接続用の同軸ケーブルを収容する

・保護箱内の見やすい箇所に最大許容入力電力、使用できる周波数帯、注意事項などを表示する

・保護箱の表面は赤色とする

・保護箱の前面には「無線機接続端子」または「消防隊専用無線機接続端子」と表示する

Part1 消防用設備と法律

Part2 消火設備

Part3 火災報知設備・避難設備

Part4 防火設備・排煙設備

Part5 防犯設備

Part6 セキュリティシステム

非常コンセント保護箱と内部

(写真提供:(株)西日本防災システム)

無線通信補助設備

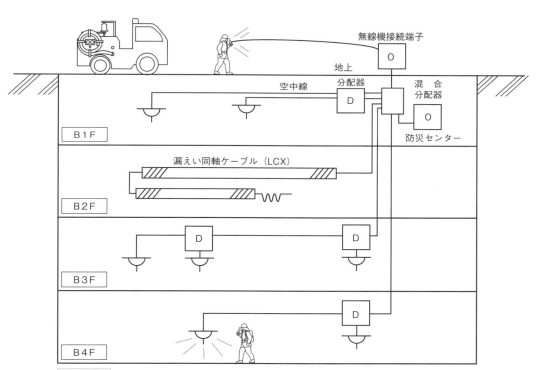

空中線方式 地下アンテナ、同軸ケーブル、分配器、接続端子、その他これらに類する器具で構成され、アンテナより電波を輻射し消防隊の無線機と連絡を行う方式

漏えい同軸ケーブル方式 電波を電送するとともに輻射する性能がある漏えい同軸ケーブル、同軸ケーブル、分配器、接続端子、その他これらに類する器具で構成されており、漏えい同軸ケーブルから輻射される電波で消防隊の無線機と連絡を行う方式

漏えい同軸ケーブル方式・空中線方式 漏えい同軸ケーブル、地下アンテナ、同軸ケーブル、分配器、接続端子、その他これらに類する器具で構成されており、2つの方式が混在したシステム

ワンポイント
アドバイス
全国の消防本部では、消防・救急無線について、2016年にアナログ通信方式から、デジタル通信方式(260MHz)に完全移行することで、個人情報漏えいのリスクが低減し、スムーズな通信が行えるようになりました。

消火活動に必要な設備④
消防用水

設置基準

消防用水は、広大な敷地にある大規模建築物、大規模高層建築物または同一敷地内の隣接する建築物の床面積の合計が大規模建築物に相当する場合、防火対象物の消火活動に消防機関が使用することを目的として設置する消防用の水利です。

消火用水には、鉄筋コンクリート造や鋼板製の水槽に水を貯めておくのが一般的ですが、0.8m/秒の流水や空調用蓄熱槽水なども使用します。

消防用水を必要とする建築物は、次のようになります

① 敷地面積20,000㎡以上で、建築物の1、2階の床面積合計が、耐火建築物の場合は15,000㎡以上、準耐火建築物の場合は10,000㎡以上、その他の建築物の場合は5,000㎡以上の場合の建築物

② 敷地面積20,000㎡以上で、同一敷地内に①に掲げる2以上の建築物がある場合で、これらの建築物の建築物相互の1階の外壁間の中心線からの水平距離が1階は3m以下、2階は5m以下の部分の建築物の1、2階の床面積の合計を耐火建築物の場合15,000㎡、準耐火建築物の場合10,000㎡、その他の建築物の場合5,000㎡でそれぞれ除した数字の和が1以上の場合の建築物

③ 高さ31mを超え、かつ、延べ面積(地階を除く)が25,000㎡以上の建築物

水源水量

消防用水の水源水量は、地盤面下に設ける場合、地盤面から4.5m以内の部分を有効水量とし次のように算出します。

① 建築物の1、2階の床面積合計を次の建築物の該当区分の数字で除した数字(小数点以下切り上げ)を20㎡で乗じた量以上設ける。耐火建築物の場合7,500㎡、準耐火建築物の場合5,000㎡、その他の建築物の場合2,500㎡とする

② 同一敷地内に①に掲げる2以上の建築物がある場合で、これらの建築物の建築物相互の1階の外壁間の中心線からの水平距離が1階は3m以下、2階は5m以下の部分の建築物の1、2階の床面積の合計を①の建築物の該当区分の数字で除した数字(小数点以下切り上げ)を20㎡で乗じた量以上設ける

③ 高さ31mを超え、かつ、延べ面積(地階を除く)が25,000㎡以上の建築物は、延べ床面積を12,500㎡で除した数字(小数点以下切り上げ)を20㎡で乗じた量以上を設ける

消防用水の有効水量は最低20㎡以上とし、水平距離100mで各建築物を包含できるように配置し、消防ポンプ自動車が2m以内に接近でき、円形で直径0.6m以上の吸管投入口、または採水口(20㎡…1個以上、40～100㎡…2個以上、120㎡以上…3個以上)が必要です。

Part1 消防用設備と法律

Part2 消火設備

Part3 火災報知設備・避難設備

Part4 防火設備・排煙設備

Part5 防犯設備

Part6 セキュリティシステム

消防用水の設置基準（消防法施行令27条）

	敷地面積	建築物の基準	1、2階の床面積合計
①	20,000㎡以上	耐火建築物	15,000㎡以上
		準耐火建築物	10,000㎡以上
		その他の建築物	5,000㎡以上
②	20,000㎡以上で同一敷地内に①に掲げる2以上の建築物があり、外壁間の距離が1階3m以下、2階5m以下の場合で、各建築物の1、2階の床面積合計を①の建築物の基準でそれぞれに決められた値で除した数値が1以上の時		
③	地上31mを超える建築物で延べ床面積（地下部分の床面積を除く）が25,000㎡以上		

②の例

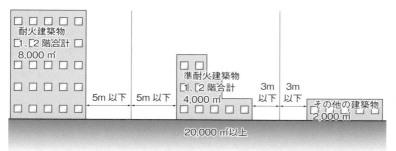

基準面積
耐火建築物………15,000
準耐火建築物……10,000
その他の建築物… 5,000

左図の場合は

$$\frac{8,000}{15,000} + \frac{4,000}{10,000} + \frac{2,000}{5,000}$$

$=1.33$

1以上になるので、消防用水の設置が必要

消防用水の水量の計算（消防法施行令27条）

①	耐火建築物	7,500㎡
②	準耐火建築物	5,000㎡
	その他の建築物	2,500㎡
③	地上31mを超える建築物で延べ床面積（地下部分の床面積を除く）が25,000㎡以上	12,500㎡

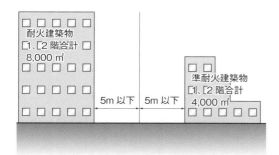

左図の場合、

$$\frac{8,000}{7,500} + \frac{4,000}{5,000} = 1.86$$

端数を切り上げ2として、

2×20㎡＝40㎡
必要水量

用語解説　空調用蓄熱槽水……建物を空調している日中の時間帯に加え、エネルギー需要が少ない夜間に、冷水、氷、お湯の形で熱エネルギーを蓄えておき、日中に使用するシステムで、地下空間などに設置された蓄熱のための水槽のこと。

非常電源

非常電源の容量

消防用設備については火災時に的確に作動させるために、平常時に使用する常用電源のほかに、供給電源、電源回路などにトラブルが生じた場合にも供給可能な非常電源を持つこととなっています。

非常電源は、非常電源専用受電設備、自家発電設備、蓄電池設備、燃料電池設備の4種類があります。延べ床面積1,000㎡以上の特定防火対象物に設置する非常電源は、蓄電池設備または、自家発電設備または、燃料電池設備となっています。

非常電源の容量は消火設備によって違います。警報設備（自動火災報知設備、ガス漏れ火災警報設備など）は、10分間です。消火ポンプを使用する消火設備（屋内消火栓設備、屋外消火栓設備、スプリンクラー設備〈特定施設水道連結型除く〉など）は30分間です。その他の消火設備（不活性ガス消火設備、ハロゲン化物消火設備、粉末消火設備）は、60分間です。誘導灯は、20分ですが大規模、高層建築などは60分です。消火活動上必要な施設（排煙設備、非常コンセント設備、無線通信補助設備）は、30分で、連結送水管の加圧送水装置、総合操作盤については、120分となっています。

非常電源の種類

非常電源専用受電設備は、①点検に便利で、かつ、火災などの災害による被害を受けるおそれが少ない箇所に設けること。②ほかの電気回路の開閉器または遮断器によって遮断されないこと。③開閉器には消火設備用である旨を表示すること。④高圧または特別高圧で受電する非常電源専用受電設備にあっては、不燃材料でつくられた壁、柱、床、天井で区画され、かつ、窓および出入口に防火戸を設けた専用の室に設けること。

自家発電設備は、非常電源専用受電設備の規定の例によるほか、①容量は、各消防用設備などの必要な時間以上を有効に作動できるものであること。②常用電源が停電した時は、自動的に常用電源から非常電源に切り替えられるものであること。

蓄電池設備および燃料電池設備は、非常電源専用受電設備の規定および、容量は、各消防用設備などの必要な時間以上を有効に作動できるものであること、の規定の例によるほか、①常用電源が停電した時は、自動的に常用電源から非常電源に切り替えられるものであること。②直交変換装置を有しない蓄電池設備にあっては、常用電源が停電した後、常用電源が復旧した時は、自動的に非常電源から常用電源に切り替えられるものであること、となっています。

Part1 消防用設備と法律
Part2 消火設備
Part3 火災報知設備・避難設備
Part4 防火設備・排煙設備
Part5 防犯設備
Part6 セキュリティシステム

消防用設備等別非常電源一覧表

消防用設備など	非常電源専用受電設備	自家発電設備	蓄電池設備	燃料電池設備	使用時分
自動火災報知設備 非常警報設備	○ 延べ面積が1,000㎡以上の特定防火対象物は除く	×	○ 直交変換装置を有する蓄電池設備を除く	×	10分以上
ガス漏れ火災警報設備	×	○ （注）の場合に限る	○ 直交変換装置を有しない蓄電池設備とする。ただし、（注）の場合に限り、直交変換装置を有する蓄電池設備とすることができる	○ （注）の場合に限る	
誘導灯	×	△ 20分間を超える時間における作動にかかる容量に限る	○ 直交変換装置を有しない蓄電池設備とする。ただし20分間を超える時間における作動にかかる容量にあっては、直交変換装置を有する蓄電池設備とすることができる	△ 20分間を超える時間における作動にかかる容量に限る	20分以上 （大規模・高層建築などは60分以上の場合もあり）
屋内消火栓設備 屋外消火栓設備 スプリンクラー設備※ 水噴霧消火設備 泡消火設備	○ 延べ面積が1,000㎡以上の特定防火対象物は除く	○	○	○	30分以上
排煙設備 非常コンセント設備	○ 延べ面積が1,000㎡以上の特定防火対象物は除く	○	○	○	
無線通信補助設備	○ 延べ面積が1,000㎡以上の特定防火対象物は除く	×	○ 直交変換装置を有する蓄電池設備を除く	×	
不活性ガス消火設備 ハロゲン化物消火設備 粉末消火設備	×	○	○	○	60分以上
連結送水管の加圧送水装置	○ 延べ面積が1,000㎡以上の特定防火対象物は除く	○	○	○	120分以上

※　特定施設水道連結型を除く
注　2回線を1分間有効にさせ、同時にその他の回路を1分間監視状態にすることができる容量を有する予備電源または直交変換装置を有しない蓄電池設備を設ける場合

用語解説　直交変換装置……充電装置および逆変換装置（直流を交流に変換するインバーター）の機能をもつ設備。

避雷設備

避雷設備

避雷設備は、雷を避けるための設備ではなく、雷撃を安全な通り道に誘導し、大地に逃がすことによって、雷撃から人や電気設備を保護する設備です。避雷設備は、落雷を受け止める受雷部、雷電流を安全に伝達させるための電線、雷電流を大地に逃がすための接地極によって構成されています。

建築基準法では、①高さ20mを超える建築物、②煙突、広告塔、高架水槽、擁壁などの工作物および昇降機、ウォータシュート、飛行塔などの工作物で高さ20mを超える部分 について避雷設備の設置が義務付けられています。消防法では、指定数量の10倍以上の危険物を取扱う製造所、屋内貯蔵所および屋外タンク貯蔵所に対して、避雷設備の設置が定められています。

ただし、周囲に高い建物がない場合は、5mや10mというような低い建築物にも落雷することはあります。山や丘陵の頂上や頂上付近にある建築物では、建物の高さが低くても落雷の可能性が高くなります。同一敷地に多数の建物を建築している場合は、避雷針を共用することが可能です。

2003年に新JISと呼ばれる避雷設備の新規格が制定されました。旧JISでは、避雷針や避雷導体の先端から、角度60°の斜線を引いた範囲の内側が保護されていることになっていましたが、新JISでは、建築物の高さによって保護レベルを4段階に設定しています。

受雷部の保護範囲

雷の対策としては、雷を早期に捕捉し、発生した雷電流を大地に安全に放流する方法が一般的です。

受雷部を屋上や屋根部に設置し、雷撃は引下げ導線によって大地に送り接地極によって大地に拡散します。受雷部は、回転球体法や角度法、メッシュ法など、選定した手法に基づいて、受雷部の位置や高さを計画します。従来はほとんどが角度法による設計でしたが、新JISの制定により、角度法と回転球体法を組み合わせた設計事例が多くなっています。

避雷突針を選定する場合、全長が長過ぎると、振動音を躯体に伝搬させ、下階に居住する人に、不快音や振動公害を与えることになります。

棟上げ導体は、パラペットやフェンスに設置する受雷部として代表的な部材です。パラペットやフェンスに棟上げ導体を設置する場合、棟上げ導体から直線距離で10mまでが保護範囲になります。また、棟上げ導体の水平断面よりも高い位置に対しては保護できません

鉄骨造の場合は、構造躯体の鉄骨が電気的に接続されていますので、接地を確保することができます。個別接地を行う場合は、銅板を地中に埋設します。

Part1 消防用設備と法律

Part2 消火設備

Part3 火災報知設備・避難設備

Part4 防火設備・排煙設備

Part5 防犯設備

Part6 セキュリティシステム

避雷設備

避雷針
（受雷部）

引下げ導線（電線）
引下げ導線は、建物の
鉄骨や鉄筋を利用する
こともできる

大地に放電

外部雷保護システム

避雷針などの受雷システム、引下げ導線システム、
接地極の設置など、建築物内部に雷を侵入させな
いようにするシステム

内部雷保護システム

避雷素子内蔵機器の絶縁レベルの向上など、外部
保護システムをくぐり抜けて侵入した雷から電気設備
を保護するシステム

保護範囲

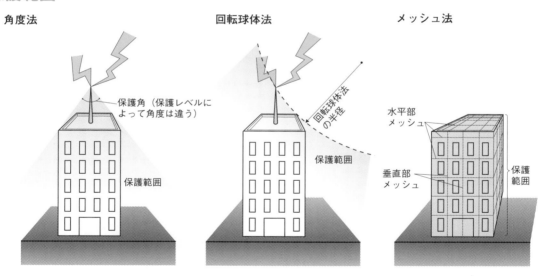

角度法

保護角（保護レベルに
よって角度は違う）

保護範囲

回転球体法

回転球体法
の半径

保護範囲

メッシュ法

水平部
メッシュ

垂直部
メッシュ

保護範囲

用語解説 　回転球体法…避雷針や避雷導体の先端を所定の半径の円で結んだ部分だけが保護されている
という考え方。

防災センター

防災センター

建物の各種消火設備の作業表示装置や制御装置を常時監視し、火災などが発生した場合に、初期消火や避難誘導を行う組織です。建物の消防・防災の司令塔であり、法律によって設置が義務付けられています。防災センターは消防法に規定され、11階建以上で延べ床面積10,000㎡を超える場合、5階建以上で延べ床面積が20,000㎡を超える場合に設置しなければなりません。

大規模建築物や高層建築物などで、火災が発生した場合、防災センターが自衛消防隊や公設消防隊の災害活動拠点となります。防災センターでは、防災センター要員が速やかに初動対応を行い退避警報と誘導を行います。また、消防機関や警察への通報も行います。更に、消防隊が指揮決定を迅速、的確に行うことができるように消防用設備などの作動、故障などの情報を集約し、総合的判断ができるようにしています。

防災センターで制御・監視しなければならない設備は以下の通りです。

①自動火災報知設備の作動状況
②非常放送設備・通信設備の作動状況
③スプリンクラー設備や屋内消火栓設備など各種消火設備の作動状況
④機械換気設備
⑤中央管理方式の空調設備
⑥排煙設備の作動状況
⑦非常用エレベーターの作動状況
⑧特定防火設備・防火設備の作動状況

防災センターの構造

防災センターは、避難階または、その直上階または直下階で、外部からの出入りがしやすい位置に配置します。また、消防設備などの監視、操作ができ、消防士の防災活動に必要な広さであることも必要です。構造は、壁、柱、床を耐火構造とし、室内の仕上げは不燃材料とします。開口部には、特定防火設備、防火設備を設けます。換気などのダクトは、防火ダンパー付きとします。

中央管理室と防災センターの違い

防災センターに類似するものに中央管理室があります。こちらは、非常用エレベーター、排煙設備、空気調和設備などの制御と監視を行う場所で、建築基準法で設置が定められています。防災センターと中央管理室の機能を一体化しているのが一般的です。

中央管理室は、1,000㎡を超える地下街を設ける場合、中央式の換気設備を設置する場合、非常用エレベーター設備を設置する場合のいずれかに該当した場合に、設置しなければいけません。

設置場所は建築物の管理事務所や守衛室など、施設の管理者が常時滞在する避難階、直下階、直上階でなければなりません。

Part1 消防用設備と法律

Part2 消火設備

Part3 火災報知設備・避難設備

Part4 防火設備・排煙設備

Part5 防犯設備

Part6 セキュリティシステム

防災センターの役割

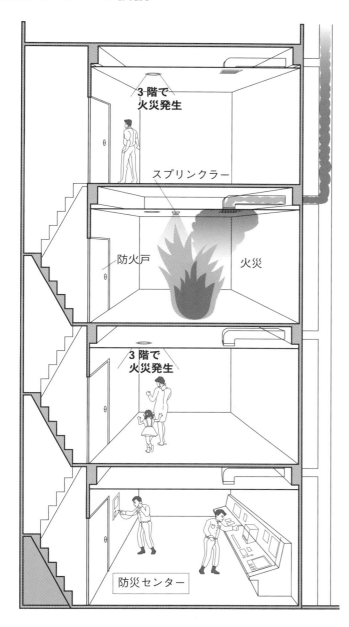

**3 階で
火災発生**

スプリンクラー

防火戸

火災

**3 階で
火災発生**

防災センター

火災発生時の役割

・各部屋の退避警告と誘導

・消防機関・警察への通報

・消火設備の作動

・排煙設備の作動

・消防用設備の作動

・故障などの情報集約

日頃から行っておくこと

・防災設備の点検

・保全管理

・防火訓練

用語解説　防災センター要員……防災センターにおいて防災盤などの監視や操作などを行う者に必要な
資格であり、防災センター要員講習を修了して取得する。

新宿歌舞伎町の火災事例

　避難階段が使用できなかったために多数の被害者を出した火災事例があります。平成13年９月１日、東京都新宿区歌舞伎町の地下２階・地上５階の小規模雑居ビルで、44人の死者と３人の負傷者を出すという、小規模の防火対象物としては過去に例をみない大惨事となった火災です。３階エレベーターホール付近から出火して３階の遊技場内に延焼し、隣接している屋内階段を経由して、４階の飲食店内に延焼拡大しました。これにより、３階の客15人と従業員２人、４階の客11人と従業員16人が避難できずに死亡したほか、３階の従業員３人が窓から転落、避難し負傷しました。

　この建物には屋内階段が１つしかなく、狭い上、ロッカーなどの物品やビールケースなどの可燃物が大量に置かれ、火災が広がりやすくなっており、更にこれらの障害物により防火戸が閉鎖しなかったため、室内に容易に延焼し、在館者の逃げ遅れにつながり多くの犠牲者を出したものと考えられています。防火設備が設置されていても有効に使用できなければ、大きな災害となります。特に、避難階段には、可燃物や避難障害になるようなものがないか、防火戸の閉鎖障害になるようなものはないか、日頃より管理をしておきましょう。

防犯設備

一言で「防犯」といってもその種類は様々です。この章では防犯の対象となる犯罪の種類や手口、防犯の考え方や各種防犯機器の仕組みなどについて解説します。

侵入犯の種類と手口①

侵入犯の種類

　他人の住居や建物に侵入して行う犯罪を侵入犯罪といいます。そのうち、侵入して窃盗を行うものを侵入窃盗、強盗を行うものを侵入強盗、侵入のみの場合を住居侵入といいます。

　侵入窃盗を手口別に分類すると、住宅を対象にしたものに空き巣、忍び込み、居空き、学校や事務所、店舗を対象としたものに金庫破り、学校荒し、事務所荒し、出店荒しなどがあります。これら侵入犯罪の近年における発生件数を見ると、平成15年ごろまでは増加傾向にありましたが、平成16年以降は減少し、現在はピーク時の1割程度となりました。その要因としては近年わが国における国民の防犯意識が非常に高くなっていることが背景にあるといえます。しかし、依然として侵入犯罪が発生している現状を鑑みると、防犯対策が建物管理上、非常に重要であることは間違いありません。

侵入窃盗の発生場所

　建物の種類ごとの侵入場所と侵入手段を見ると、戸建住宅、共同住宅ともに窓からの侵入が多いことがわかります。一般的に空き巣というと玄関や勝手口からの侵入を予測しがちですが、最近は防犯性能の高いドアが普及しているため、玄関よりも犯行が目立たず早く行える窓を狙う事案が増えているようです。また、一般事務所や商店などの店舗の場合は、出入口、窓ともにまんべんなく狙われていることなども考慮すると、全体的に出入口だけの防犯対策では不十分であり、窓の防犯が重要になってきているといえます。

侵入の手段

　侵入の際に使われる手段については、戸建住宅や共同住宅の場合、以前はピッキングやサムターン回しといった特殊な手法での解錠が多く注目されていましたが、最近では防犯性能の高い錠の普及に伴って、時間のかかる開錠よりもガラス破りや未施錠箇所からの侵入といった短時間で実行できる手段が圧倒的に多くなってきています。

　共同住宅の場合、居住者が変わった場合の鍵の交換不備や、悪質な業者などによる合鍵の使用も見られます。

　一般事務所や商店においても住宅同様にガラス破りや未施錠箇所からの侵入が多く見られますが、住宅に比べて防犯性能の低い通用口扉などに対するドア錠破りや、元従業員などによる合鍵の使用なども比較的多く発生しています。

Part1 消防用設備と法律

Part2 消火設備

Part3 火災報知設備・避難設備

Part4 防火設備・排煙設備

Part5 防犯設備

Part6 セキュリティシステム

侵入犯罪の種類・手口別認知件数

単位：件

種類・手口			平成30年	令和1年	令和2年	令和3年	令和4年	手口の内容
侵入犯罪	侵入窃盗	住宅対象 空き巣	22,141	19,584	13,906	11,166	10,593	家人の留守中に住宅などに侵入し、財物を窃取すること
		住宅対象 忍び込み	7,484	7,916	5,937	5,135	4,215	家人の就寝時などに住宅などに侵入し、財物を窃取すること
		住宅対象 居空き	1,880	1,436	1,187	982	884	家人が在宅し何らかの活動中の住宅などに侵入し、財物を窃取すること
		その他 事務所荒し	5,629	5,349	3,766	2,931	2,840	侵入窃盗のうち、事務所などを対象としたもの
		その他 金庫破り	1,355	1,313	908	681	739	侵入窃盗のうち、金庫を対象とする窃盗を特別に分類したもの
		その他 学校荒し	770	641	464	397	436	侵入窃盗のうち、学校を対象としたもの
		その他 出店荒し	8,050	7,070	5,397	3,958	4,333	侵入窃盗のうち、店舗や飲食店を対象としたもの
	侵入強盗		576	461	401	297	290	強盗のうち、上り込み、押し入り、居直りなどの侵入行為を含むもの
	住居侵入		13,048	12,853	11,021	9,780	9,514	正当な理由無く他人の住居などに侵入すること

出典：警察庁「令和4年の刑法犯に関する統計資料」

侵入窃盗（空き巣・忍び込み・居空き）の発生場所別の侵入手段

単位：件

			総数	ピッキングサムターン回し	合鍵使用	その他鍵開け	ドア錠破り（錠破壊など）	ガラス破り	無締り	その他不明
空き巣	戸建住宅	表出入口	1,244	3	224	17	102	59	756	83
		窓	4,153	6	0	51	44	2,625	1,207	220
		その他	1,667	5	78	17	80	268	689	530
	集合住宅	表出入口	1,749	14	622	59	63	15	828	148
		窓	1,316	3	0	67	3	602	588	53
		その他	424	1	3	2	0	17	77	324
忍び込み	戸建住宅	表出入口	606	1	16	4	11	11	539	24
		窓	2,003	2	0	11	7	497	1,365	121
		その他	1,065	8	9	37	9	111	652	239
	集合住宅	表出入口	290	0	40	4	0	0	226	20
		窓	148	1	0	1	0	29	109	8
		その他	50	0	0	2	0	2	20	26
居空き	戸建住宅	表出入口	325	2	5	1	1	3	297	16
		窓	234	0	0	2	2	78	147	5
		その他	125	0	0	0	2	2	79	42
	集合住宅	表出入口	123	1	9	1	2	0	102	8
		窓	51	0	0	0	0	5	42	4
		その他	20	0	0	0	0	2	6	12

出典：警察庁「令和4年の刑法犯に関する統計資料」

用語解説 忍び込み、居空き……いずれも住人の在室中に行う侵入窃盗だが、忍び込みは住人の活動停止中（就寝中など）、居空きは住人の活動中（TV鑑賞など）に侵入する行為。どちらも住人と犯人が遭遇する可能性が高い。

侵入犯の種類と手口②

侵入手段の変化

侵入窃盗の手口や手段は、防犯意識の高まりや防犯性能の高い建物部品などの普及、時代の変化などにより刻々と変化しています。たとえば、過去には空き巣が住宅へ侵入する手段としてよく用いられたピッキングやサムターン回しといった手段は、平成13年と比べると大きく低下しており、その分、ガラス破りなどの大胆な手法が目立つようになってきています。以前はそれなりの技術を持った侵入犯が、なるべく目立たない方法でこっそり侵入を試みていたのに対し、最近は大胆かつ迅速に犯行を行い、人が来る前に逃走できれば良いといった犯行形態となっているといえます。たとえば大型店舗の1階にある宝石店に、盗難車で突入し金品を奪ってそのまま逃走するという事例もありました。

個人住宅の場合、発見されても逃げ出さず、住民を脅迫したり攻撃するなど強盗に発展する場合も少なくありません。侵入盗犯の発生件数は減っていますが、危険性や被害は深刻さを増しています。

犯罪の国際化・組織化

近年発生している侵入犯罪において、その手口の多様化や外国人窃盗団などによる組織的犯行の増加が指摘されています。

特に、外国人による侵入犯罪は近年認知件数こそ減少傾向にあるものの、手口の大胆さや複数犯による広域犯罪など、被害の大規模化が進みつつあります。これは、日本が経済的に裕福であるにもかかわらず、これまでの安全神話などが要因で国民の防犯意識が低いことが背景にあります。また、首都圏での取り締まりの強化などにより、その他の地方へ犯罪が拡散する傾向も見られます。人口密集地域でなくとも、防犯対策を強化する必要性が増しています。

被害内容の変化

これまでは侵入窃盗といえば、被害の内容はおもに現金や宝石といった見た目上の価値が高いものが主流でした。昨今ではクレジットカードや携帯電話、企業などにおいては顧客情報や開発情報の入ったパソコンなど、いわゆる「情報の盗難」が増えてきています。しかも、たとえばクレジットカードの番号だけ控えられたり、情報のコピーを取られたりした場合には、侵入があったことは発覚しても、何を盗難されたのかを特定するのに時間がかかり、犯人の特定も困難となります。

このように、侵入犯においても手口や形態が進化しています。それらに柔軟に対応することがこれからの防犯対策として重要なことです。

Part1 消防用設備と法律

Part2 消火設備

Part3 火災報知設備・避難設備

Part4 防火設備・排煙設備

Part5 防犯設備

Part6 セキュリティシステム

特殊開錠用具およびガラス破りによる侵入窃盗(空き巣・忍び込み・居空き)の認知件数

単位:件

	平成28年	平成29年	平成30年	令和1年	令和2年	令和3年	令和4年
ピッキングおよびサムターン回し	161	148	82	124	93	57	47
ガラス破り	12,894	12,740	10,649	9,275	5,896	4,296	4,324

出典:警察庁「令和4年の刑法犯に関する統計資料」

来日外国人による侵入窃盗の検挙状況

単位:件

		平成28年	平成29年	平成30年	令和1年	令和2年	令和3年	令和4年
侵入窃盗	検挙件数	972	1,889	1,060	669	1,582	935	739
	検挙人員	150	180	147	136	154	166	126
うち住宅対象	検挙件数	766	1,438	763	428	1,089	528	277
	検挙人員	103	110	78	62	94	84	58

出典:警察庁「令和4年の刑法犯に関する統計資料」

外国人による犯罪の例

【事例1】 密入国中国人を首魁とする広域組織窃盗(空き巣等)事件

　　平成16年4月から24年5月までの間、密入国した福建省出身の中国人が首魁となり、日本国内に不法残留する同省出身の中国人や日本人配偶者等の有資格滞在者からなる組織窃盗グループを構成した上で、離合集散を繰り返しながら、東北から九州までの各地において、広域に渡り空き巣等の侵入盗を敢行していた。関係都府県警察で合・共同捜査体制を構築して捜査を推進した結果、首魁を含む被疑者36名を検挙し、25年2月までに1都2府21県下における空き巣等1,014件(被害額約5億1,700万円相当)を解決するとともに、長期にわたり日本国内で活動していた同組織を壊滅した。

【事例2】 中国人グループによる一般住宅等を対象とした広域組織窃盗事件

　　平成19年3月から22年12月までの間、密入国した福建省出身の中国人が、日本国内に不法残留する同省出身の中国人からなる窃盗組織を構成した上で、その首魁となり、複数の犯行グループを関東以西の西日本一帯に分散させ、広域にわたり空き巣等の侵入盗を敢行していた。関係都府県警察で合・共同捜査体制を構築して捜査を推進した結果、首魁を含む被疑者66名を検挙し、24年2月までに1都2府22県下における空き巣等1,594件(約10億4,400万円相当)を解決するとともに、旅券偽造グループに係る犯罪インフラ事犯も検挙して同組織を壊滅した。

(警察庁「平成24年の犯罪情勢」および「平成25年の犯罪情勢」より)

用語解説	ガラス破り……ガラスの一部または全部を破砕または開口して内側の錠を開錠する手段。防犯合せガラスや防犯フィルムの使用と合わせて補助錠の設置が有効である。

防犯の概念と基本機能

防犯とは

防犯とは「犯罪の発生を未然に防ぐこと」ですが、対象を建物や施設に限定すると、犯罪の対象はおもに侵入窃盗、侵入強盗、住宅侵入などの侵入犯罪と、万引きなど非侵入盗に絞られます。そして、これらの犯罪が起きにくくなるように施す対策のことを防犯対策といいます。

最近では、放火やらくがきなど、窃盗目的ではない愉快犯や、テロ行為といった無差別犯に対しても対策を取ることが求められるケースも多くなっており、時代の流れや施設の目的などにより様々に変化することに注意しなければなりません。

対象物の強化

建物に対して行う防犯対策のおもなものに、対象物（建物や保管場所）の強化と防犯設備の設置があります。

対象物の強化とは出入口や窓といった侵入経路となりうる部分や盗まれたくない物などに対して突破または持ち出しに要する時間を稼ぐ目的で行う対策のことをいい、具体的には扉や窓への各種防犯建物部品（防犯ガラスなど）の採用や、二重鍵（補助錠）の設置、金庫などの重要物については床や構造物に固定するなどの対策を行うことをいいます。

防犯設備の設置

防犯設備の設置にはおもに3つの効果があります。まず1つ目は犯行の未然防止です。これは、侵入犯が犯行を目論む際、警備員が居たり防犯カメラや侵入警報設備、出入管理システムなどが設置されていることで心理的に圧力をかけ、犯行をあきらめさせる効果です。更に、入居者や施設利用者に対しても防犯設備があることで安心感を与えられる効果もあります。

2つ目は被害の拡大防止です。防犯センサーや防犯カメラなどにより、犯行をいち早く察知し、管理者や警備員に通報することで被害が小さいうちに食い止めることができます。

3つ目は犯行の記録です。侵入経路などに設置された防犯センサーの作動記録や防犯カメラの映像を残すことで、犯人の特徴や人数、どういった被害を受けたのかを犯行後の捜査活動に役立てるものです。

これらの設備を設置するためには多額の費用がかかりますが、防犯とは常に万一のことを想定して対策をするものです。もし侵入犯罪が発生した場合に起こり得る被害の額とその可能性を想定し、対策を施した場合の費用と比較した上で最適な防犯対策を行うことが大切です。

Part1 消防用設備と法律

Part2 消火設備

Part3 火災報知設備・避難設備

Part4 防火設備・排煙設備

Part5 防犯設備

Part6 セキュリティシステム

防犯設備の種類と設置例

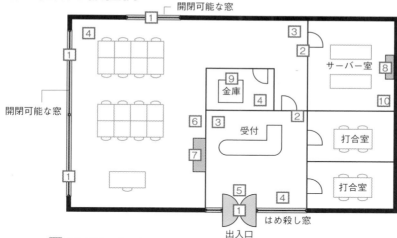

1 **磁気近接スイッチ**
リードスイッチ（枠側）と磁石（扉・窓側）が接近しているか否かを検知する
設置場所：ドアや窓

2 **出入り操作器**
警戒エリアの警戒状態を操作したり、入室のため電気錠を開錠するために操作する機器
設置場所：出入口付近の操作しやすい場所

3 **防犯カメラ**
防犯対象物や重要箇所などを撮影する。威嚇効果も期待できる
設置場所：防犯対象物や重要箇所付近の天井や壁面（場所によっては隠ぺい）

4 **受動赤外線検知器**
検知エリア内の熱源より発せられる赤外線量の変化を検知する
設置場所：おもに対象エリアを検知可能な天井面や壁面

5 **ガラス破壊検知器**
ガラス破壊時に発生する振動または高周波音響を検知する
設置場所：ガラス貼付（振動検知）または天井や壁（音響検知）

6 **防犯ベル（またはブザー・サイレン）**
警報発生時に威嚇警報音を発する
設置場所：施設全体または警報発生場所で聞こえるように設置

7 **警報制御盤・電源**
各種センサーを接続し、状態や警報の表示や通信、電源供給を行う
設置場所：室内で日常的に確認が可能な壁面など

8 **振動検知器**
壁やドアのシリンダー周辺などの物理的な破壊振動を検知する
設置場所：固い壁面や金庫、ATM など

9 **金庫センサー**
金庫に対する破壊や移動行為（振動、傾き、機器の取外しなど）を検知する
設置場所：金庫扉面のロック機構に近い部分

10 **レコーダー・モニター**
防犯カメラで撮影した映像を記録し、確認再生を行う
設置場所：施設管理部門や施錠可能な機械室など

ワンポイントアドバイス
警備員といえば、「犯人を見つけて捕まえてくれる職業」と思われがちですが、実際は警備員には特別な権限は何も無く、一般私人と同じであることが警備業法第15条に定められています。したがって、警備員の責務はあくまでも被害の拡大を防止するために行う通報や現場確認・保存の措置を取ることであり、犯人逮捕はその過程で可能な範囲で行う一般行為であるといえます。

防犯対策①

防犯目的の明確化

　防犯対策を行うにはまず、防犯対象物と防犯対象空間を明確にすることから始めます。防犯対象物とは、実際に被害を受けては困るもののことをいい、たとえば人や物、情報といったものから扉やガラス、壁面といった構造物まで幅広く設定します。また防犯対象空間とは、防犯対象物周辺や侵入されたくない空間のことを指します。

脅威の列挙・評価

　次に、それぞれの防犯対象物や防犯対象空間に対して起こりうる犯罪行為を可能な限り列挙し、それらが発生した場合の被害を想定します。たとえば塀の乗り越えは[被害微小]、ガラス破りは[被害中]、金庫持ち去りは[被害甚大]などとします。これに対し、それぞれの被害を防ぐための対策と、その対策に掛かる費用を見積ります。例に照らし合わせると、塀の強化は[費用大]、防犯ガラスへの交換は[費用中]、金庫の固定は[費用小]、侵入警報設備の設置は[費用中〜大]などとなります。

　そしてこれらの結果を比較して侵入されても被害が小さいので[許容する]、または[威嚇のみにとどめる]、発生する可能性が低いので[発生後の対応のみ準備する]、そこで被害が発生しても拡大しなければ良いので[侵入警報設備のみ設置する]などに分類します。その上で必要と判定した場所に対して、より具体的な対策を検討します。

防犯環境の確認と対処

　防犯対策を行う際の基本原則に、対象物の強化、監視性の確保、接近の制御、領域性の確保の４つがあります。

　これらを具体的に示すと、扉や窓に防犯建物部品を使用する物理的な手法や重要防犯対象物をできるだけ建物中心に置く措置（対象物の強化）、外部からの見通しを良くするために塀をフェンスにしたり、植樹の高さを抑えるといった敷地整備や照明の強化、防犯カメラの設置（監視性の確保）、造作物や植樹などで敷地境界線を明確にする、オートロックや出入管理システムで人の動線管理や侵入阻止の意思表示を行う（接近の制御）、地域防犯活動などを通じた住民や施設利用者の防犯意識の強化や周辺の犯罪情報の共有、防犯体制の表示などを行い、犯罪企画者や部外者が入り込みづらい環境をつくる（領域性の確保）などとなります。これらに侵入警報設備などの防犯設備を組み合わせることで、犯罪を行いにくい環境をつくり、万一犯罪が発生しても被害の小さいうちに食い止めることができます。

Part1 消防用設備と法律

Part2 消火設備

Part3 火災報知設備・避難設備

Part4 防火設備・排煙設備

Part5 防犯設備

Part6 セキュリティシステム

防犯環境設計と防犯設備の関係

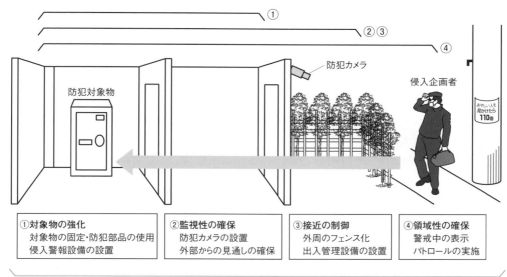

① 対象物の強化
　　対象物の固定・防犯部品の使用
　　侵入警報設備の設置

② 監視性の確保
　　防犯カメラの設置
　　外部からの見通しの確保

③ 接近の制御
　　外周のフェンス化
　　出入管理設備の設置

④ 領域性の確保
　　警戒中の表示
　　パトロールの実施

防犯環境

侵入盗が犯行をあきらめる要素

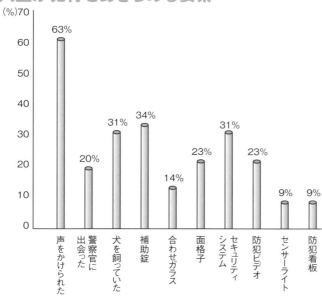

（％）70

声をかけられた	63%
警察官に出会った	20%
犬を飼っていた	31%
補助錠	34%
合わせガラス	14%
面格子	23%
セキュリティシステム	31%
防犯ビデオ	23%
センサーライト	9%
防犯看板	9%

ワンポイント　アドバイス　既設の窓ガラスを防犯ガラスへ交換する場合、施工者や面積によって価格は様々ですが、一般的な窓の場合は施工費込みで数万円〜十数万円程度とされています。

防犯対策②

警戒線

　建物に防犯対策を行う際の考え方の1つに警戒線があります。これは、建物外周から最も重要な防犯対象物に至るまでに、侵入犯が突破しなければならないいくつかの区切り線のことを指します。たとえば、右図のように建物の中心部に防犯対象物が設置してある場合、外部と敷地の間にある境界線を第一警戒線、建物外周に沿って設定される線を第二警戒線、建物内部において重要な防犯対象物を設置してある場所までの区画線（扉や間仕切り）を第三警戒線、防犯対象物またはその周囲を第四警戒線と呼びます。

　本来、第一警戒線から第四警戒線までがすべて独立した状態で設定できる構造であることが望ましいのですが、実際の建物では部屋の壁が外周の壁と同一であるなど、複数の警戒線が重複してしまう場合がありますが、この場合は重要度の高い警戒線を優先することになります。

　防犯対策ではこれらの警戒線ごとに強化や防犯設備の設置を行うことになるので、侵入犯が防犯対象物に到達するまでの間に通過する警戒線が多ければ多いほど防犯上強固であるといえます。

脅威の想定と対策

　次に、各警戒線上の出入口や開口部、脆弱な壁などに、それぞれこじ開け、ガラス破り、破壊といった脅威を想定し、対象物の強化や防犯設備の設置といった防止策を検討します（脅威の列挙と評価）。

警戒区域

　各警戒線の内側の領域を、それぞれ警戒区域といいます。建物単位で1つの警備システムを設置した場合、最初の入館者や最後の退出者の操作によりすべての区域の警戒、解除を一括して行う場合、この警戒区域は1つ（第一警戒線の内側すべてがひとつの警戒区域）ということになります。これに対し、テナントビルなどでは建物運用上各テナントの居室ごとに警戒の開始、解除操作を行う機能を設けたり、入退室管理設備などで区域ごとに人の出入を管理したりする必要があるので、建物としては第三警戒線上であるそれぞれの居室を、個別の警戒区域として設定する必要があります。

　このように警戒区域は、同じ建物内に防犯上の重要度が異なる区域が存在する場合や、警戒する区域と警戒しない区域が混在する場合、出入管理設備などを用いてフロアや部屋ごとに入退室管理を行いたい場合などに設定することで、より建物の運営形態に沿った柔軟なシステムを構築することができるようになります。

Part1 消防用設備と法律

Part2 消火設備

Part3 火災報知設備・避難設備

Part4 防火設備・排煙設備

Part5 防犯設備

Part6 セキュリティシステム

基本的な警戒線の考え方

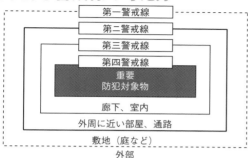

警戒線が重複する場合

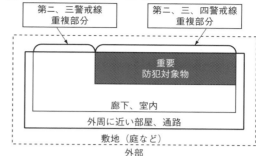

警戒区域の割り当て

この場合、「共用部①」は日中自由に出入でき、夜間のみ警戒する区域、「共用部②」は日中警戒は行わないが、人の出入は警戒する区域、「居室」はいつでも警戒することができ、かつ出入管理も行うことができる。

警戒線ごとの防犯設備設置例

警戒線名	警戒線の概要	検知器設置場所	検知器	その他
第一警戒線	外壁や敷地外周	門扉や塀の上部フェンス面など	リミットスイッチ（門扉用）赤外線遮断検知器ワイヤー式検知器	必要に応じて防犯カメラや出入管理設備、2重ロックなどを設置する
第一警戒線〜第二警戒線	庭や公共エリア	敷地内の通過点建物出入口付近	赤外線遮断検知器屋外用人感ライト音声報知器	
第二警戒線	建物外周	建物出入口扉侵入可能な窓脆弱な壁面など	磁気近接スイッチシャッターセンサーガラス破壊検知器など	
第二警戒線〜第三警戒線	建物内共用部	ロビー、廊下EVホール搬入ヤード	受動赤外線検知器画像センサーなど	
第三警戒線	防犯対象物を設置または保管する部屋の外周	門扉や塀の上部フェンス面など	磁気近接スイッチ振動検知器など	
第二警戒線〜第三警戒線	防犯対象物を設置または保管する部屋の空間	室内	磁気近接スイッチシャッターセンサーガラス破壊検知器など	
第四警戒線	防犯対象物	金庫など	金庫防犯検知器振動検知器傾斜センサーなど	

ワンポイントアドバイス
警戒の開始・解除を行う操作と入退室時に行う操作は基本的に目的が違いますが、操作自体は機器にカードをかざしたり暗証場号を入力するなど共通の操作が多く、昨今ではその両方の機能を備えた照合装置が多くなっています。

鍵の種類と構造①

鍵と錠、錠前

私たちは通常、戸締りのことを単に鍵をかけるといいますが、正確には鍵と錠に分類され、それらを合わせたものを錠前といいます。

錠は扉などが開かないようにする物理的な機構の部分のことで、扉そのものに設置されます。これに対し鍵は、錠に対し開錠するための条件が整っているか否かの情報を与える役割を持っています。

補助錠などを増やせば増やすほど扉は堅牢になりますし、鍵を複雑なものにすれば防犯性は高まりますが、当然利便性は下がるので、設置場所の利用状況や重要度に応じて設置することが大切です。

錠前を選ぶ重要なポイントに防犯性能がありますが、これはおもに耐ピッキング性能と破壊に対する耐性、そして鍵の複製難易度のことをいいます。

一般に用いられている錠は、円筒状の鍵穴に鍵を差し込み、回転させることで錠の機構が動作するシリンダー錠です。シリンダー錠には、ディスクシリンダー錠、ピンシリンダー錠、ロータリーディスクシリンダー錠があります。

従来、広く普及していたディスクシリンダー錠や古いタイプのピンシリンダー錠は鍵の複製もしやすく機構も単純で鍵穴も大きいことから簡単にピッキングされてしまうため、現在では既存の物を除いてほとんど使用されていません。最近では、改良型のピンシリンダー錠や、ピンシリンダーの一種で、板状の金属にいくつものくぼみが掘られたディンプルキーといわれる鍵を使用した錠、鍵穴の形状を薄く複雑にして耐ピッキング性能を向上させたロータリーディスクシリンダー錠などが普及しています。

電気錠

電気錠は、錠にモーターなどの電気的に動作する機構を組み込んだもので、ほかの機器からの電気的信号で施開錠することができます。このため、電気錠制御盤やカード認証装置、生態認証装置、タイマーなどと組み合わせてセキュリティ性の高い出入管理システムを構築することができます。一般的には建物の通用口や事務所の出入口といった、人の出入を管理したい扉にカード読み取り装置や生態認証装置などと組み合わせて設置します。また、営業時間に応じて施開錠を行う扉、非常時に一斉に開錠したい扉など遠隔制御をしたい扉にも適しています。

電気錠も基本的な構造は通常の錠と同じです。シリンダーやサムターンが装備された電気錠は電気的な機構が故障した場合や停電の時には手動で開錠することができます。従って、個々の錠の防犯性能は鍵やシリンダーと同等となります。

Part1 消防用設備と法律

Part2 消火設備

Part3 火災報知設備・避難設備

Part4 防火設備・排煙設備

Part5 防犯設備

Part6 セキュリティシステム

鍵の構造

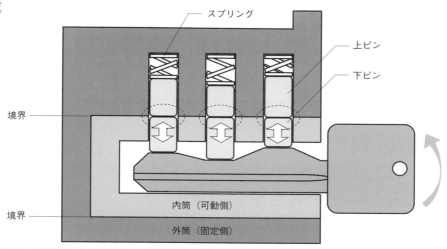

スプリング
上ピン
下ピン
境界
境界
内筒（可動側）
外筒（固定側）

鍵を挿している状態では、上ピンと下ピンの境界が外筒と内筒の境界と重なるため、内筒が回転することができる。
鍵を抜くとピンが下がり、境界がずれるため内筒が外筒に固定され、回転できなくなる

おもなシリンダー錠の種類

ピンシリンダー錠
（写真提供：(株)ゴール）

ピンシリンダー錠(ディンプルキー)
（写真提供：(株)ゴール）

ロータリーディスクシリンダー錠
（写真提供：美和ロック(株)）

一般的な電気錠システム

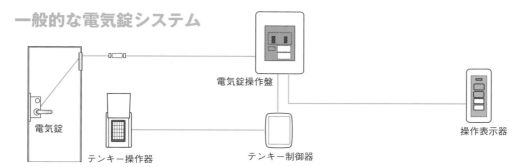

電気錠操作盤

操作表示器

電気錠

テンキー操作器

テンキー制御器

| 用語解説 | 補助錠……扉や窓の防犯性能向上のため、通常設置されている錠のほかに、追加して設置する錠のことをいう。補助錠は通常の錠よりも簡易的な物である場合が多く、低費用で高い効果を得られることから、昨今では住宅などでも多く用いられている。 |

鍵の種類と構造②

キーシステム

　鍵は通常、扉ごとに固有のものである場合が一般的ですが、大きな建物や施設になると扉の数自体が多く、１つの建物に数百～数千の鍵が作られるケースも珍しくありません。本来ならば防犯上それぞれの扉ごとに違う鍵で管理することが望ましいのですが、巡回業務などを行う場合に開ける扉の数だけ鍵を持ち歩かなければならず、管理コストも多大なものとなり現実的ではありません。そこでこれを解決するために生み出されたのがキーシステムです。

　通常、扉ごとに違う鍵を使用する状態を個別キーシステムと呼びますが、キーシステムでは特殊なキーやシリンダーを使用することで、管理する鍵を大幅に減らすことができます。たとえば、複数の扉で同じ鍵とシリンダーを用いる同一キーシステム、複数の扉に個別の鍵とシリンダーがあり、それらを別の１本の鍵で全て施開錠することができるマスターキーシステム（MK）、マスターキーシステムを複数階層化し、大型化したグランドマスターキーシステム（GMK）、１つのシリンダーを、複数の別の扉用の鍵を用いて施開錠することができる逆マスターキーシステムがあります。

　尚、マスターキーシステムやグランドマスターキーシステムは、万一マスターキーを紛失した場合、開錠できる全てのシリンダーを交換しなければならないなどのリスクがあるため、上層のマスターキー程管理運用を厳重にする必要があります。

　このほかに、マンションやビルの新築現場で、シリンダー内に特殊な部品を組み込むことで工事期間中のみ特殊な共通鍵で施開錠でき、工事終了後はシリンダーを交換することなく共通鍵を無効にすることができるコンストラクションキーシステムがあります。これにより、工事中の鍵管理が容易になるだけでなく、悪意のある者による鍵の複製被害を防ぐことが可能となります。

避難通路の考慮

　錠前を新たに設置したり錠種を変更する場合、避難通路との関係に注意する必要があります。これは、入居者が火災や地震などで避難する際、設置した錠前が障害となることを防ぐもので、特に避難通路として設定されている扉などでは、電気錠を設置した場合、自動火災報知設備と連動して開錠させたり、内側から手動で開錠できる機構を備えなければならない場合がありますので、設置の都度、防災担当者や消防局などに確認を行う必要があるので注意します。

Part1 消防用設備と法律

Part2 消火設備

Part3 火災報知設備・避難設備

Part4 防火設備・排煙設備

Part5 防犯設備

Part6 セキュリティシステム

キーシステムの種類

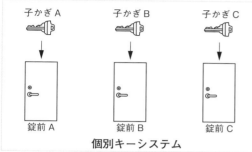

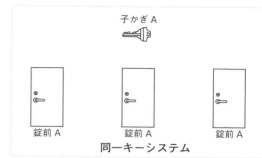

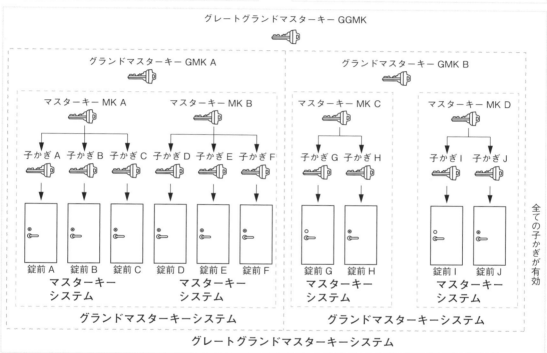

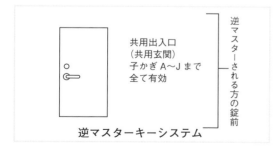

一般的に、マスターキーシステム・グランドマスターキーシステム・グレートグランドマスターキーシステムは同一施設内で併用されるケースが多く、またこれらの鍵を全て電気錠に変更し、カード照合を用いてマスターキーシステムを構築することで、鍵を使用したキーシステムより柔軟性・拡張性に富んだシステムを構築することも可能

用語解説　マスターキー……マスターキーは、記述のとおり1本の鍵で多くの扉を開錠することができる鍵であるため、通常は建物所有者または管理者の正式な依頼書などがなければ複製してもらえないことがほとんどである。しかし、その形状やしくみはほかの鍵と同じであり、溝の凹凸さえコピーできれば簡単に複製できてしまう。従って、マスターキーには特に厳重な管理を行う必要がある。

防犯ガラス

ガラスの種類

建物に使用されるガラスには、フロートガラス（通常の板ガラス）、複層ガラス、強化ガラス、網入りガラスがあります。実はこれらのガラスは安全面は考慮されていますが、防犯上の効果はほとんどありません。強化ガラスは通常のガラスに比べて数倍の強度がありますが、自動車のガラスが割れた場合を見てもわかるとおり、どこか1箇所に強い力がかかると全体が粉々に割れてしまいます。

また、網入りガラスについては、火災などで割れた際ガラス破片が飛び散るのを防ぐことができますが、割った際ガラスが飛び散らないため、侵入時の騒音を抑えるという逆の効果もあります。

防犯上有効なガラス

一般的な侵入盗犯の場合、開錠に5分以上かかると犯行をあきらめるという統計が出ています。このことから、ガラスにおいても5分の間持ちこたえることができれば、防犯上有効となります。この点を考慮した上で、最も有効なガラスとして現在販売されているのが、防犯合わせガラスです。

これは、2枚のガラス板の間に特殊な中間膜をはさんで貼り合わせた構造です。万一、ガラス部分が破損してもこの中間膜の部分が破れない限り、突破することは困難です。尚、防犯合わせガラスの中間膜の厚さは用途別に数種類あり、一般家庭の場合30～60mil、商業店舗の場合90mil程度のものを使用します。

このほか、ガラスではなく強化プラスティックなどの樹脂を使用したものや、既存のガラスに内側から貼り付けることで防犯性能を高めるフィルムも販売されており、侵入防止や飛散防止の観点から導入する個人住宅も増えてきています。

尚、既存ガラスに防犯フィルムを貼る場合は貼付面積や施工方法などによっては防犯性能を発揮できない場合があるため、事前にメーカーや施工業者に問い合わせるなどすると良いでしょう。

防犯ガラスマークとCPマーク

現在では、防犯ガラスには官民合同会議による防犯性能の高い建物部品である事を認定するCPマーク（後述）や板硝子協会の基準である防犯ガラスマークシールが貼付されていますので、ガラス選定の参考にすると良いでしょう。

ただし、ガラスだけを強化してもサッシ（窓枠）が軟弱では窓としての防犯性能は上がりません。サッシについても防犯性能を有したCPマーク部品を使用し、補助錠なども活用することで防犯性能を高めることが大切です。

侵入をあきらめるまでにかかる時間

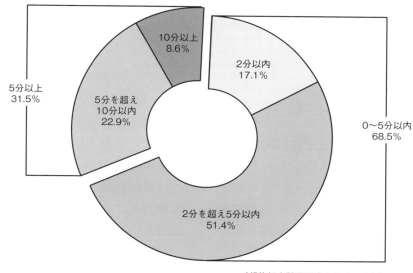

- 10分以上 8.6%
- 2分以内 17.1%
- 5分以上 31.5%
- 5分を超え10分以内 22.9%
- 0〜5分以内 68.5%
- 2分を超え5分以内 51.4%

((財)都市防犯研究センターより)

一般的な防犯合わせガラスの構造

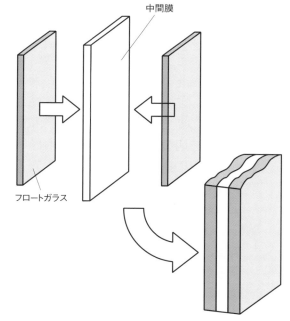

中間膜

フロートガラス

防犯ガラスマーク

防犯
SECURITY
GLASS

(提供：板硝子協会)

| 用語解説 | mil……ヤード・ポンド法における長さの単位で、1 mil＝1/1000インチ＝25.4/1000ミリメートル。カードやビニール袋などの厚みを表す際に用いられることが多い。 |

Part1 消防用設備と法律

Part2 消火設備

Part3 火災報知設備・避難設備

Part4 防火設備・排煙設備

Part5 防犯設備

Part6 セキュリティシステム

防犯カメラ①

防犯カメラの役割

防犯カメラの役割は、大きく分けて2つあります。1つは事件や事故が発生した場合の記録映像を残すこと、そしてもう1つは事件を未然に防止するための抑止効果です。前者は、犯行を記録するという点からあまり目立たせて設置すると効果が低くなるのに対し、後者は犯行を目論む者によく見えるよう目立たせて設置しなければなりません。このため、防犯カメラを設置する場合、その目的や効果を十分に検討した上で最適な設置位置や設置方法を選択する必要があります。

更に、公共施設などに防犯カメラを設置する場合はその撮影対象が一般人であることから、プライバシー保護に注意しなければなりません。具体的には記録映像の管理方法を規定したり、カメラの設置を告知するステッカーを貼るなどの方法があります。

防犯カメラの設置位置

防犯カメラの設置位置は撮影したい対象によって様々なパターンがありますが、最も重要なのは死角をつくらないように設置することです。たとえば、ビルのエントランスホールや店舗売り場、廊下などに設置する場合は天井面に設置するのが一般的ですが、設置後に陳列棚などで撮影対象を隠されないように注意しなければなりません。また、駐車場や庭などの屋外に設置する場合は、逆光や車のライトなど外乱光が発生する可能性がありますので、比較的高い位置に設置する必要があります。

更にもう1点注意しなければならないことがあります。それは、悪意のある者からの悪戯や細工をされるのを避けるため、第三者が容易に触れることができない位置に設置するということです。

防犯カメラの種類

防犯カメラには、形状別に箱型、ドーム型、特殊形状型、野外型などの種類があります。また、機能別には通常の撮影を目的としたもの以外に、自動的に昼夜のモードを切り替えるDay&Nightタイプや、暗所での撮影に適した高感度タイプ、遠隔操作で画角やズームを操作できるPTZ機能付など様々です。これらを効果的に組み合わせてシステムを構築します。

また、威嚇効果という点ではダミーカメラの設置も有効です。重要な場所には記録用のカメラ、その他の場所にはダミーカメラといった組み合わせを行うことで、効果的な抑止力の確保とコストダウンをはかることができます。

Part1 消防用設備と法律

Part2 消火設備

Part3 火災報知設備・避難設備

Part4 防火設備・排煙設備

Part5 防犯設備

Part6 セキュリティシステム

防犯カメラの形状・機能・伝送方式による分類

形状	説　明
箱型	おもに防犯用などカメラの存在を目立たせたい場合に使用する。一般的にレンズを交換することで望遠や接写、ズームなど様々な撮影を行うことができる
ドーム型	監視用や店舗での防犯用など、カメラをあまり目立たせたくない場合や、悪戯の可能性が高い場所への設置などに使用する。レンズの交換が困難な場合が多いため、予め機能を絞って使用する必要がある。その他の一般的なカメラの機能は、箱型と同等の性能のものが多く市販されている
特殊形状	ピンホールカメラや偽装カメラなど、完全にカメラの存在を隠したい場合に使用する。設置方法によっては記録画像に制限が発生する場合があるため、設置位置や工法については十分検討する必要がある
屋外型	屋外や高湿度など周辺環境が劣悪な場合に使用する。一般的には屋外ハウジングケースに通常の箱型やドームカメラを入れて設置しますが、ハウジング一体型などそのまま屋外設置が可能なものもある

機能	説　明
Day & Night	明るい日中はカラーカメラとして機能し、暗い夜間は赤外線を利用して白黒で撮影するカメラ。比較的安価で、夜間もある程度の光量がある場所への設置や、赤外線投光器と併用して使用する
高感度（蓄積型）	明るい日中は通常の露光時間で撮影し、暗い夜間は露光時間を延ばしてカラーで撮影する機能。このため夜間撮影時は昼間撮影時に比べ単時間あたりの撮影コマ数が極端に下がることがあるので、細かい人の動作や車両の動きなどを撮影するには適していない
ワイドダイナミック	画角の中に明るい部分と暗い部分がある際、それぞれシャッター速度を変えて録画し、合成して1枚の画像を出力する機能。逆光状態となる場所や、夜間車両などを撮影する場合に効果的
赤外線投光器	赤外線LEDを複数個搭載し、夜間撮影用に被写体に対して赤外線を照射する機器。最近では赤外線投光器を内蔵した屋外用カメラも多く販売されていて、赤外線投光距離はおおむね数m〜数十m程度
バリフォーカル	焦点距離を調整することができ、設置後に画角とフォーカスを調整することができる。また、調整した画角と焦点距離を固定することもできる
PTZ	P（パン：水平角）、T（チルト：垂直角）、Z（ズーム）を遠隔で操作することができる機能。センサ連動で予め設定されたポイントを撮影する機能や、数秒おきに複数の撮影ポイントを順番に撮影する機能などを搭載している。このため定点録画を行うには不向きで、監視用に用いられることが多いといえる
魚眼	部屋の中央などから魚眼レンズで広域に撮影し、画像処理技術を用いてあたかも四方を別々のカメラで撮影したかのような映像を得ることができる。実際に撮影した映像は円形となり、外周に近づくほど画像が伸びてしまうため、カメラに近い場所ほど画質が良く、遠いほど粗くなる
プライベートマスキング	被写体のプライバシー保護のため、撮影した画像の一部にカメラ側で自動的にモザイク処理などのマスキングを行う機能

伝送方式	説　明
アナログ式	映像信号をビデオ信号（NTSC/PAL）規格で同軸ケーブルを用いて伝送する方式で、直接テレビモニタなどと接続することができる。カメラと録画機器はすべて個別の同軸ケーブルで接続するため、比較的長距離の配線を用いることができる（配線種によるが数百m〜1km程度）
ネットワーク式	カメラと録画機器をコンピューターネットワークと同じIP通信（LAN）で接続する方式。LANケーブルを使用し1本のケーブルで複数のカメラ映像を伝送することができる。また、通信方式もインターネット接続と同一の方式を使用するため、直接パソコンと接続して映像を確認することも可能。ただし、ケーブルあたりの配線距離が最大で100mと短く、長距離配線を行う場合は中継用のHubが複数必要になる

用語解説	PTZ機能……PTZとは、Pan、Tilt、Zoomの略で、遠隔操作で上下左右に向きを変えることができ、かつズームすることができる機能のことをいう。

防犯カメラ②

録画機器の種類

　防犯カメラで撮影した映像を記録する録画機器については、従来はビデオテープに１コマずつ画像を記録するタイムラプスビデオが主流でしたが、現在では搭載されたハードディスク(以下HDD)に画像をデータとして記録するデジタルビデオレコーダー（以下DVR)が主流となりつつあります。

　DVRは、接続できるカメラの台数や搭載するHDDの容量、ネットワーク機能の有無などにより機種や価格が細かく設定されていますので、カメラの台数や記録映像を残しておきたい期間などを考慮し、機種を選定します。また、一般的なDVRはパソコンと同じ構造で突然の停電などで故障が発生する場合がありますので、UPS（無停電電源装置）などの機器を併設する必要があります。

アナログカメラとネットワークカメラ

　最近大型の施設などに多く導入されているのがネットワークカメラシステムです。ネットワークカメラとは、これまで同軸ケーブルを用いて直接映像信号を伝送していたアナログカメラに対して、LANを利用して映像信号を伝送するカメラです。

　ネットワークカメラを利用することで、
①高詳細な画像を伝送することが可能

②複数のカメラの映像や制御信号を１本のケーブルで伝送することが可能
③インターネット回線などを利用して遠隔地からの映像を確認するシステムが容易に構築可能
といった長所があります。
　一方で、
①構成する機器が現時点でアナログカメラよりも高価
②遠距離(100m以上)にカメラを設置する場合、中継用の機器が必要
③既存のアナログカメラを置き換える場合に配線が利用できない
といった短所もあります。また、ネットワークカメラシステムを設計運用する場合は、伝送路ごとの通信量や機器の処理能力、セキュリティ機能といったネットワークに関する専門的な知識が必要となる点も考慮しなければなりません。

　ただ単に「最新だから」といって、安易にネットワークカメラの設置をするのではなく、それぞれの長所・短所を適切に把握し、対象物件に最適なシステムを導入することが大切です。

　また、同様の機能を持つものでも、国内メーカーと海外メーカーで価格に差が生じる場合があります。機器の選定は、価格以外にも保守部品の入手のしやすさや操作のしやすさといった点も考慮して行うことが大切です。

Part1 消防用設備と法律

Part2 消火設備

Part3 火災報知設備・避難設備

Part4 防火設備・排煙設備

Part5 防犯設備

Part6 セキュリティシステム

アナログカメラシステム構築例

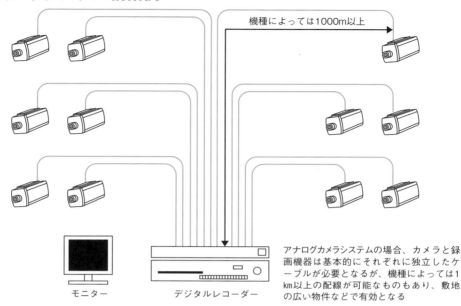

機種によっては1000m以上

モニター　　　　デジタルレコーダー

アナログカメラシステムの場合、カメラと録画機器は基本的にそれぞれに独立したケーブルが必要となるが、機種によっては1km以上の配線が可能なものもあり、敷地の広い物件などで有効となる

ネットワークカメラシステム構築例

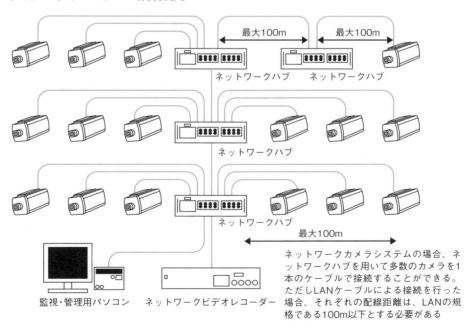

最大100m　　最大100m

ネットワークハブ　　ネットワークハブ

ネットワークハブ

ネットワークハブ

最大100m

監視・管理用パソコン　ネットワークビデオレコーダー

ネットワークカメラシステムの場合、ネットワークハブを用いて多数のカメラを1本のケーブルで接続することができる。ただしLANケーブルによる接続を行った場合、それぞれの配線距離は、LANの規格である100m以下とする必要がある

用語解説	UPS（無停電電源装置）……バッテリーを搭載し、機器の電源回路に並列に接続することで通常は充電状態を保ち、停電時には即座にバッテリーより回路に電源を供給する。

警報装置

センサーの種類と役割

建物への侵入者をいち早く察知するためには、各種の防犯センサー（検知器）を使用します。人による警備では、複数の場所を24時間休みなく監視し続けることは不可能ですが、防犯センサーを設置すれば休みなく監視を続けることが可能となります。

侵入警報設備として使用する防犯センサーは、警戒する場所の形態に応じて、いくつかに分類することができます。

第1に、扉や窓の動作といった、「点」を警戒するセンサーがあります。磁気近接スイッチ、シャッター検知器、ガラス破壊検知器、振動検知器、金庫防犯検知器のような特定の物体を対象とした検知器などがこれに当たります。

第2に、「線」を警戒してこれを横切る行為を検知するセンサーで、赤外線遮断検知器、マイクロ波式検知器、ワイヤー式検知器などがあります。

第3は、室内や屋外などの「空間」を警戒するセンサーで、受動赤外線検知器（パッシブセンサー）や超音波式検知器、ガラス破壊音検知器などがあります。

第4には、非常時などに人が直接操作する非常通報スイッチなどがあります。

また昨今では、防犯カメラで撮影している映像を解析し、映像内で人や物の移動があった場合に警報として出力する画像センサーなども登場しています。

侵入警報設備ではこれらのセンサーを適所に配置し、監視員や警備員と連携することで侵入者や財物の異常をいち早く検知して被害の拡大防止を図ります。

これらのセンサーは、あくまでも定められた環境や設備の変化を検知するだけであり、その他の変化や異常を検知するものではありません。従って予め侵入の経路や手口をしっかりと想定し、それらを確実に検知できるよう設置することが大切です。

誤作動対策

防犯センサーを設置して運用する際、必ず付きまとうのが誤作動への対策です。防犯センサーは前述のように決められた条件の変化が発生した場合にそれを検知して通報するという機能を持っています。しかしセンサーは、それが侵入者によって発生したものなのか、自然現象やミスによって発生したものなのかを判断することができません。このような場合に発生する警報は全て誤作動となってしまいます。誤作動が多く発生すればそれだけ警備員の出動回数も増え、コストアップとなってしまいます。点検や保守を適切に行って常に高い精度を維持することが重要です。

おもな警報装置の動作原理

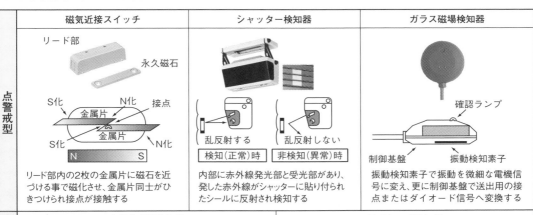

<table>
<tr><td rowspan="2">点警戒型</td><td>磁気近接スイッチ</td><td>シャッター検知器</td><td>ガラス磁場検知器</td></tr>
<tr><td>

リード部／永久磁石

S化　N化　接点
金属片
S化　金属片　N化
N　S

リード部内の2枚の金属片に磁石を近づける事で磁化させ、金属片同士がひきつけられ接点が接触する

</td><td>

乱反射する　検知(正常)時
乱反射しない　非検知(異常)時

内部に赤外線発光部と受光部があり、発した赤外線がシャッターに貼り付けられたシールに反射され検知する

</td><td>

確認ランプ
制御基盤　振動検知素子

振動検知素子で振動を微細な電機信号に変え、更に制御基盤で送出用の接点またはダイオード信号へ変換する

</td></tr>
</table>

<table>
<tr><td rowspan="2">線警戒型</td><td>赤外線遮断検知器</td><td>ワイヤー式検知器</td></tr>
<tr><td>

対向型　反射型
赤外線　壁面など
投光器　受光器　反射板　検知器

投光部と受光部(反射型は一体)で構成され、投光部から発せられた近赤外線を受光部で検知し続け、これが遮断されると警報となる。一般的に対向型は数十m～数百m、反射型は数m～十数mの距離で使用される

</td><td>

コイルばね　接点　ワイヤー
ワイヤー
ワイヤーに引く力がかかるとコイルばねが縮み接点が開く

ワイヤー式検知器
アジャスター　ホルダー　ワイヤー式検知器　ホルダー　アジャスター
約20cm　忍び返し
1.5～2m　1.5～2m　中継器
ワイヤー式検知器の設置例(フェンス上部)

通電するワイヤーが中継器といくつかのワイヤー式検知器、アジャスターを通りループを構成するように配置し、ワイヤーに一定以上の圧力がかかるとワイヤー式検知器内でワイヤーに接続された接点が引かれ回路が断線する。雪の多い地域などは赤外線よりも有効

</td></tr>
</table>

<table>
<tr><td rowspan="2">空間警戒型</td><td colspan="2">受動赤外線検知器</td></tr>
<tr><td>

取付け面　焦電素子
アクリルカバー
反射ミラー　遠赤外線

正常時(検出量 少)　侵入時(検出量 多)

物体からは常にその温度に応じた量の遠赤外線が発せられているが、受動赤外線検知器は監視エリア内の遠赤外線量を常に測定しており、人など温度の違う物体がエリア内に侵入した場合の変化量を検出して警報をしている

</td><td>

【受動赤外線検知器のセンシティブゾーンについて】
受動赤外線検知器では、監視している部屋全体をひとつの監視エリアとした場合、小動物や微細な空気の動きなど、検知したくない変化まで検知してしまう恐れがある。これを防ぐために、1台の検知器が監視するエリアに細分化し、これらが複数同時に変化した場合のみ検知する対策を取っている。尚、センシティブゾーンの形状は、内蔵する反射ミラーの形状によって設定される

人など、ある程度大きさのある物体:検知
小動物など小さな物体:非検知

</td></tr>
</table>

(写真提供:竹中エンジニアリング(株))

| 用語解説 | 誤作動……防犯用検知器が誤検知するおもな内容は、①利用者による操作ミス(警戒中に入室など)、②環境による誤検知(すきま風や、霧、雪など)、③施工ミスによるもの(脱落、不的確な検知範囲の設定、④機器や配線の劣化 などである。 |

Part1 消防用設備と法律
Part2 消火設備
Part3 火災報知設備・避難設備
Part4 防火設備・排煙設備
Part5 防犯設備
Part6 セキュリティシステム

威嚇装置

威嚇装置の種類と効果

侵入犯は侵入時に、音や光などが発生すると犯行をあきらめる場合が多くあります。このため、侵入警報設備においては防犯センサーによる感知などのほかに、非常ベルやサイレンといった威嚇装置を設置する場合が多くあります。

威嚇装置には、非常ベルやサイレン、音声などの音を発するものと、パトランプ、人感ライトなど光を発するもの、そして音と光を同時に発するものがあります。その他にも催涙ガス噴射装置や逃走妨害用ネット噴射措置のように物理的に威嚇を行うようなものまであります。

威嚇装置の動作には、常時作動型、自己完結型、外部制御型があります。

常時作動型はスイッチがONである間常時動作するパトランプや、自動車用防犯装置のパイロットランプなどで、そこに侵入警報設備があることを周囲に知らせることができます。

自己完結型は、センサー部と威嚇部が一体化または同じ場所に設置してあるもので、人や車両が接近した際に作動し、人感ライトなどがこれにあたります。

外部制御型は侵入警報設備と連動して、建物内部で侵入警報が発生した場合や監視センターからの遠隔操作など、決められた条件が揃った場合にのみ動作します。

一般的に使用する威嚇装置としては、非常ベルやパトランプ、音声警報装置などがあります。ただし、これらは威嚇効果だけでなく、騒音や光害になる可能性もあるため、設置の際は動作頻度や威嚇対象、近隣の状況などにより音量や光量、向きなどに注意して設置しなければなりません。

たとえば、仕切りの無い敷地に、うっかり1、2歩踏み込んだ通行人に対し、非常ベルを鳴動させるなどの過剰な威嚇行為はできるだけ避けるようにします。このような場合は、ある程度入り込んだ所で音声による案内を行い、更に入り込んだ時点で音と光による威嚇を行うなど、段階的な威嚇を行います。

逆に、警報を解除しないまま建物内に侵入された場合など、明らかに悪意を持った侵入である場合、できるだけ強い威嚇を行うことで、侵入犯に心理的な圧力をかけるとともに、建物内での異変を外部に知らせることにもなることから、建物内での警報については積極的な威嚇行為を行うことが被害の拡大防止に直結するといえます。

ただし、せっかく設置した威嚇装置も肝心な時に作動しなければ意味はありません。可能であれば1ヶ月に1回程度、実際に作動させて正常を確認する必要があります。

自己完結型と外部制御型の威嚇装置

自己完結型威嚇装置

人感センサー
内蔵ライト

自己完結型は、威嚇装置内に検知器を内蔵し、不審者を検知すると自動的に威嚇動作を行う。機器によっては明度センサーや時計を内蔵し、夜間のみ警戒するものもある

外部制御型威嚇装置

防犯用検知器
（赤外線警報器など）

サイレン

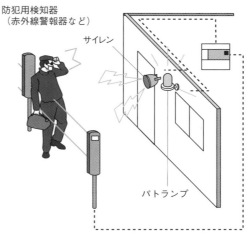

パトランプ

外部制御型は、別途設置した防犯用検知器の検知信号を警報受信盤などが処理し、必要に応じて音響警報器やパトランプを動作させるものをいう。警戒状態を機械警備システムと連動させたり、遠隔操作で威嚇動作を行わせることができる

各種威嚇装置

威嚇音響機器

警報ベル　　　　電子サイレン

動作時には90〜120dBもの大音量の警報音が鳴動する外部制御型の威嚇装置。DC12VやAC100Vを直接入力することで鳴動する

人感ライト

受動赤外線検知器を内蔵し、夜間などに感知すると自動的にライトが点灯する。防犯用のほか、保安用にも使用される

音声報知器

外部からの入力により、予め設定された音声案内を鳴動する。機種によっては直接メッセージを録音することもできる

パトランプ

電源を入力することで動作する回転灯。警報発生時の威嚇のほか、警戒中の動作表示灯としても使用される

（写真提供:竹中エンジニアリング（株））

用語解説	パイロットランプ……状態表示灯のことで、機器やシステムが正常に稼働中であることを表示するためのランプ。セキュリティシステムにおいては目立たせて点灯させることで、犯罪企画者に防犯設備の存在を誇示し、あきらめさせる効果がある。

Part1 消防用設備と法律

Part2 消火設備

Part3 火災報知設備・避難設備

Part4 防火設備・排煙設備

Part5 防犯設備

Part6 セキュリティシステム

通報装置・受信装置

機械警備システム

侵入警報設備では、建物に設置された各種警報装置（防犯センサー）が異常を検知すると、その情報が建物内の管理室や防災センターなどに伝わり、警報制御盤が作動し、表示ランプや警報音によって警備員や居住者に異常を通報します。

その際に、対象の建物から離れた別の場所にある警備会社の監視センターなどに電話回線などを用いて信号を送出して監視するシステムを機械警備システムといいます。

機械警備システムは一般的に個人住宅や、小〜中規模の事務所、テナントビルなどに用いられることが多く、防犯警戒に重点を置いた汎用性の高い機器が用いられます。警戒の開始や解除の操作はおもに居住者または入居者が行い、警戒中の箇所で異常が発生した場合は契約先の警備会社に自動的に通報され、警備員が駆けつけます。また、火災警報や設備警報といった侵入警報以外の異常についても、同じシステムで警備会社が監視している場合が多く、コストパフォーマンスに優れたシステムであるといえます。

一方で、監視センターで警報を受信した後、離れた場所から警備員が現場に向かうため、警報の発生から警備員の到着までに若干の時間を要するという短所も

あります。ただし、機械警備システムでは、警報発生から現場到着までに要する時間が警備業法にて規定されています。

ローカル警備システム

異常を感知した後、同じ建物内の防災センターに通報して威嚇音を出力するといった、建物内で警報が完結するシステムを自主警報システムまたはローカル警備システムといいます。ローカル警備システムは、センサーを設置したその場所で威嚇音を発する小規模なものから、大型施設やマンションなどに設置される大規模なものまで様々な種類があります。

このローカル警備システムは、警報制御盤を施設内の警備室や防災センターに設置し、そこに人を常駐させて監視運用します。このため、人件費をかけることが可能な比較的大規模な建物や施設に設置されます。駆けつける警備員が施設内部に常駐するため、一般的に機械警備システムよりも迅速な対応ができます。また、ローカル警備システムは建物ごとにシステムを設計し構築することから、照明制御や空調制御、出入管理システムなどと連携することが可能です。このように、高機能のシステムを構築しやすいというメリットがありますが、設備投資にかかる費用は機械警備システムよりも高価となります。

Part1 消防用設備と法律

Part2 消火設備

Part3 火災報知設備・避難設備

Part4 防火設備・排煙設備

Part5 防犯設備

Part6 セキュリティシステム

機械警備システムとローカル警備システムの違い

自動通報

電話回線

直行指示　通報

警察
消防
など

機械警備システム

防犯センサーが侵入を検知しても建物内での威嚇通報を行うのみ

ローカル警備システム

機械警備システムの構成例

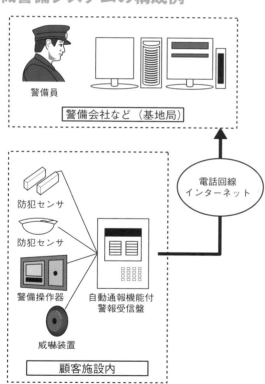

警備員

警備会社など（基地局）

防犯センサ

防犯センサ

警備操作器　自動通報機能付警報受信盤

威嚇装置

顧客施設内

電話回線
インターネット

ローカル警備システムの構成例

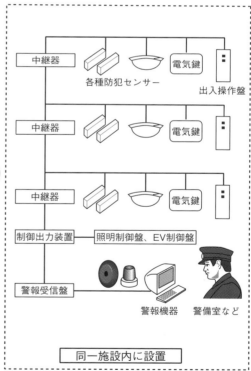

中継器　各種防犯センサー　電気鍵　出入操作盤

中継器　　　　　　　　　　電気鍵

中継器　　　　　　　　　　電気鍵

制御出力装置　照明制御盤、EV制御盤

警報受信盤

警報機器　警備室など

同一施設内に設置

用語解説　監視センター……機械警備システムにおいては「基地局」と呼ばれる監視センターが存在し、各施設からの警報の受信、警備員への現場急行指令、警報処置の取りまとめや顧客情報の管理など、警備業法で決められた業務を24時間体制で行う。

テレビドアホン

テレビドアホンの役割

住宅や事務所に対する犯罪の中には、押し入りや押し売りといった、人が在室しているにもかかわらず強引な手段で侵入したり、在室者を騙す犯罪があります。これらの手口は、侵入犯と在室者が対面することから強盗や強姦といった重大な犯罪に直結することが多く、絶対に防がなければならない犯罪です。

これらの犯罪を防ぐためには、不審者を建物に入れないということが最大の防御方となります。しかし、玄関や出入口をあまりに厳重に警戒しすぎると来訪者に失礼と感じる人も多いようです。これを解決するために使用されているのがインターホンシステムです。最近では来訪者の顔や容姿がモニターで確認できるテレビドアホンが主流となっています。

テレビドアホンは、建物外部や事務所の入口などに設置されたカメラ付ドアホンの呼び出しボタンが押されると室内に設置された親機から呼び出し音が鳴り、同時にドアホン正面の映像が映し出されるシステムです。在室者は来訪者の映像を見て、不審者かどうかを確認した上でインターホンに出るかどうかを判断することができます。更に、出入口に電気錠を設置すれば現地に赴くことなく、遠隔操作によって正当な来訪者のみを入室さ

せることができます。最近では、留守中の来客者に自動的に対応して映像を記録する機能を持つものや、卓上電話機などと接続してコードレス電話の子機で来客対応ができる機能を持つものも登場しています。

テレビドアホンは通常、親機とドアホンの間を配線で接続します。設置の際は、既存のインターホンの配線を流用することも可能です。

マンションシステム

最近の集合住宅やテナントビルでは、多くの住居やテナントが建物全体の玄関など、少数の出入口を共有している場合が多くなっています。これらを1つのシステムで運用するのがマンションシステムです。マンションシステムでは、電気錠や自動ドアが設置された出入口や通用口に集合玄関子機が設置され、来訪者は玄関子機で相手先の部屋番号を選択することで室内の住宅情報盤（室内親機）より在室者を呼び出すことができます。また、その他にも住宅情報盤に侵入警報設備の機能を持ったものや、自動火災報知設備の機能を持ったもの、宅配ロッカーと連動するものなど多機能化しています。これらはマンション居住者の利便性の向上につながる設備であり、最近では一般的な設備となっています。

Part1 消防用設備と法律

Part2 消火設備

Part3 火災報知設備・避難設備

Part4 防火設備・排煙設備

Part5 防犯設備

Part6 セキュリティシステム

マンションシステムの構成例

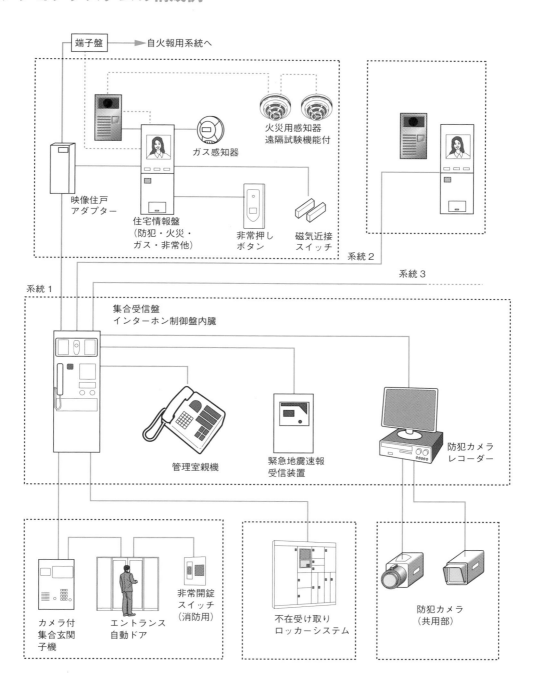

端子盤 → 自火報用系統へ

火災用感知器
遠隔試験機能付

ガス感知器

映像住戸
アダプター

住宅情報盤
（防犯・火災・
ガス・非常他）

非常押し
ボタン

磁気近接
スイッチ

系統2

系統3

系統1

集合受信盤
インターホン制御盤内臓

管理室親機

緊急地震速報
受信装置

防犯カメラ
レコーダー

カメラ付
集合玄関
子機

エントランス
自動ドア

非常開錠
スイッチ
（消防用）

不在受け取り
ロッカーシステム

防犯カメラ
（共用部）

用語解説　自動火災報知設備機能付テレビドアホン（住宅情報盤）……近年のマンションに設置されるテレビドアホンにはほとんどこの機能が装備されており、火災発生時はテレビドアホン親機から警告音が発せられる。同時に管理室などに設置された受信機が連動して作動し、同一フロアや直上階の他室に対しても警報を発することが可能である。

入退室管理

入退室管理の意義

大型施設などで常駐警備員が行う業務に入退室（館）受付があります。これは、入室しようとする人にその施設へ入室する資格や必要性があるかどうかを入室予定表や許可証などによって判断して入室させる業務です。また、時間帯によって警備員などが必要箇所の扉を施開錠し、外部からの入室を自由にしたり制限したりする業務もあります。これらの業務を機械的に、しかも綿密に行えるようにしたものが入退室管理システムです。

入退室管理システムでは必要な扉に電気錠を設置し、システム側で遠隔制御を行います。このため、開錠時間や施錠時間を設定して自動的に動線制御を行ったり、カードリーダなどの照合装置と連動させることで許可された人物のみ入室させることもできます。また、照合した入退室の記録を残して利用することができるので、建物の区画ごとの有人、無人を判断して照明やエレベーターの不停止制御などを行ったり、万一盗難や情報漏えいなどの被害が発生した場合にも、入退室の記録から犯行の可能性のある人物を絞り込むことができ、犯行を行いにくくする効果が期待されています。

認証方式の種類

人による入退室管理では、身分証明証などで相手を確認しますが、入退室管理システムでは事前に各個人に与えられたIDを機械的に読み取り、システムで保管されている情報と照合して入室を許可または拒否します。保管されているIDと読み取ったIDが一致したとしても、許可する時間帯以外の時間であったり、決められた条件に合致しないなどの場合は入室を拒否したりアラームを発するなどの警告を行います。IDの照合は操作者が保有するIDカードを用いて行います。

生態認証

IDカードの代わりに体の一部を読み取ってデータ化し、これをIDと関連付けて照合する「生態認証システム」が普及してきています。これは、指紋や静脈パターン、眼球の虹彩などを読み取ることにより、個人を特定するものです。生態認証では、認証する部分が人体であるため複製が困難であり、セキュリティ性能が高いという長所があります。しかし、照合に時間がかかる場合や、本人であっても認証する部分の状況次第では1度の認証で認識できない場合もあるため、使用頻度の高い箇所には不向きです。そのため、サーバールームや金庫室などの最重要箇所でのみ使用することが一般的です。

Part1 消防用設備と法律

Part2 消火設備

Part3 火災報知設備・避難設備

Part4 防火設備・排煙設備

Part5 防犯設備

Part6 セキュリティシステム

出入管理システム設置例

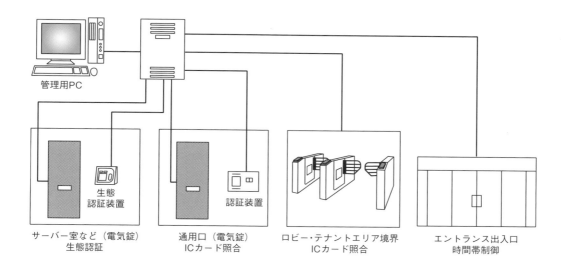

管理用PC

生態認証装置

認証装置

サーバー室など（電気錠）
生態認証

通用口（電気錠）
ICカード照合

ロビー・テナントエリア境界
ICカード照合

エントランス出入口
時間帯制御

生態認証装置

指紋認証装置

（写真提供：竹中エンジニアリング（株））

静脈認証装置

（写真提供：ALSOK）

虹彩認証装置

（写真提供：（株）ロックシステム）

ワンポイント アドバイス	生態認証は、人体そのものを認証するため完全な複製はできませんが、指紋など表面的な形状を照合するものについてはその形状をコピーすることで照合できる場合があります。このため、指紋認証装置などでは暗証番号を併用することが推奨されます。

CPマークと防犯設備士

CPマークとは

平成14年、侵入犯罪などの認知件数の増加に対応するため「防犯性能の高い建物部品の開発・普及に関する官民合同会議」が設置されました。それまでわが国では他国に比べ治安が良いため、国民の防犯意識は高くありませんでしたが、犯罪の増加により、防犯対策を向上させることが急務となりました。

官民合同会議では、建物部品の防犯性能が「工具類等の侵入器具を用いた侵入行為に対して建物部品が有する抵抗力」と定義されました。そして、その抵抗力として5分間侵入を阻止できることが基準となりました。これは、侵入窃盗の被疑者に対する聞き取り調査で「侵入するのに時間が5分以上かかれば侵入をあきらめる」との回答が7割以上であったことを踏まえたものです。

ガラス破りなどの大胆な侵入手口に対しては、侵入の際「騒音を伴う攻撃回数7回」に耐えることが基準となっています。これらの基準に基づいて実際に破壊試験が行われ、十分な性能を有するものが「防犯建物部品」として認定されています。この証明として「CPマーク」の使用が許可されています。

ただし、CPマークはあくまでも定められた条件下での防犯性能を認定するものですから、設置する場所や設置方法によっては性能を十分に発揮できない場合があ

ります。設置に関しては十分な知識と注意が必要です。

防犯設備士制度

防犯設備はこれまで解説したように、最適な場所に最適な方法で設置しなければその効果を十分に発揮することはできません。そのためには防犯設備に関する幅広い知識や施工方法などを習得した者が設計・施工、そして運用を行うことが求められます。

これを踏まえ、警察庁と公益社団法人日本防犯設備協会は、防犯システムの技術レベルの向上を目的として平成4年より防犯設備士の資格認定事業を開始し、年に数回、日本防犯設備士協会が講習と認定試験を行い、合格者に対して適切な教育を受けた者の証として認定証を交付しています。

防犯設備士は国家資格ではありませんが、防犯設備の施工を行う際に必要資格として指定されるケースもあり、今後防犯設備業界の発展に重要な役割を持つことが期待されています。また、防犯設備士の上級資格として「総合防犯設備士」も設定され、より高い知識や技能、そして高い倫理を持つ資格者が認定されています。

日本防犯設備協会のホームページによると、令和4年4月現在、全国で31,693人の防犯設備士と、468人の総合防犯設備士が活躍しています。

Part1 消防用設備と法律

Part2 消火設備

Part3 火災報知設備・避難設備

Part4 防火設備・排煙設備

Part5 防犯設備

Part6 セキュリティシステム

CPマーク

（提供：（公財）全国防犯協会連合会）

CPマークの対象部品

ドア関係	ドア（A種・B種）
	ガラスドア
	上げ下げ内臓ドア
	引戸・ガラス引戸
	錠・シリンダーおよびサムターン
窓関係	サッシ
	ガラス
	ウインドウフィルム
	雨戸
	面格子
	窓シャッター
シャッター関係	重量シャッター
	軽量シャッター
	オーバーヘッドドア
	シャッター用スイッチボックス

これらそれぞれの項目ごとに 3,000 以上の防犯建物部品が選定されている

防犯設備士全国分布図

全国総数
❶防犯設備士　31,693名
❷総合防犯設備士　468名

管区別分布

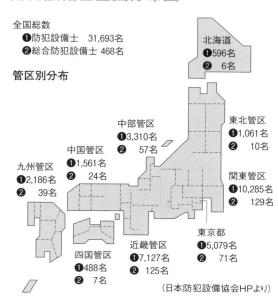

北海道
❶596名
❷　6名

中部管区
❶3,310名
❷　57名

東北管区
❶1,061名
❷　10名

中国管区
❶1,561名
❷　24名

九州管区
❶2,186名
❷　39名

関東管区
❶10,285名
❷　129名

四国管区
❶488名
❷　7名

近畿管区
❶7,127名
❷　125名

東京都
❶5,079名
❷　71名

（日本防犯設備協会HPより）

防犯設備士の養成講習・資格認定試験（科目）

1　防犯の基礎
2　電気の基礎
3　設備機器
　　侵入警報設備、防犯カメラ設備、出入管理設備、インターホン設備、不正持出し監視設備、防犯グッズ
4　設備設計
5　施工・維持管理
　※試験範囲は、防犯設備士テキスト本編（資料編を除く）からで、事前に受講必須のオンライン講習以外からも出題される。

（令和 4 年度防犯設備士試験案内より）

用語解説	ＣＰマーク……CPは「Crime Prevention（防犯）」の頭文字で、防犯性能の高い建物部品に、緑色のCPマークがついている。CPマークが付与される製品は、錠、玄関ドア、サッシ、ガラスなどのほか、窓ガラスに貼付して破壊を防止するフィルムも該当する。

159

警備会社を選ぶコツ

　警備業者に警備を委託する場合、施設管理担当者はコスト以外にどういう点に注意して業者を選べば良いのでしょうか。まず第一に、警備業者がその施設を十分理解しているかが重要です。警備業務の見積りを依頼した場合、通常は業者側で防犯診断を行います（やらないのは論外）が、その際細かい質問や現場確認の依頼が多ければ多い程、信頼に値するといえるでしょう。逆に、現場をろくに確認もしないで見積りを行うような業者は、あまり信頼できるとはいえません。次に、機器障害発生時の保守体制や事案発生時の応援体制、更に災害時の対応など、その施設で何か異常が発生した場合の支援体制が十分であることが重要です。これは担当者に問い合わせるなどして、できれば想定される事案ごとにチェックしてみると良いでしょう。そして最後に、実際に警備業務を行うのは人間ですから、配置される警備員が信頼できる人物かどうかも重要なポイントです。もし可能であれば現場を担当する警備員に実際に会ってみるなどすることで、教育の度合いや接客の善し悪しを判断すると良いでしょう。

セキュリティ
システム

この章では、いくつかのケースに分けて必要なセキュリティシステムについての概要と、設計から施工、運用までの大まかな流れについて解説します。

オフィスセキュリティ

重要性が増すオフィスの防犯

1990年代までは、オフィスに対する防犯対策は必要最小限のものしか設置されなかったり、夜間無人となってから翌朝従業員が出勤するまでの間に発生する侵入犯罪のみを対象とするものが一般的でした。しかし、2000年以降、大手企業による個人情報流出事件が頻発し、企業の情報に対する意識が注目されるようになりました。その後、2005年に個人情報保護法が施行され、現在では多くの企業がコンプライアンスの向上、プライバシーマークの取得といった個人情報保護に重点を置いた方針を打ち出し、日中においても出入管理を強化する事例が増えています。また、個人情報はひとたび流出すると損害賠償や信頼の回復にかかるコストなど企業に与えるダメージが大きいことから、リスク回避の観点からも出入管理などの防犯対策の強化が必須であるという認識が広まってきています。

オフィスのセキュリティ対策

オフィスのセキュリティでは、人の行動を管理することが重要となります。

まず、来訪者が入ることのできるエリア、一般の従業員が自由に立ち入ることのできるエリア、限られた従業員や上司の承認がなければ入室することのできないエリアなどセキュリティのレベルごとに管理区画を設定します。この時に、部屋単位ではなく、ロッカーの扉や金庫の開錠認証なども1つの区画として考えます。この時、重要な場所ほど複数の区画を通行しなければ到達できないように設定することがポイントです。

そして、それぞれの区画の境界となる扉に認証装置を設置し、許可された人物しか通行できないようにします。可能であればパソコンでのIDチェックなど、対象物そのものにも認証機能を設けます。

また、金融機関など高価な物品や情報を扱う施設などでは、記録用として入室操作が撮影できるよう防犯カメラを設置する場合もあります。これは、IDカードの複製やなりすまし、共連れによる不正を防止する効果や、盗難などが発生した場合に被害を特定する場合に有効です。

ID管理の確実な実施

出入管理システムなどに登録しているIDの管理は、企業内で管理者を設けて管理するのが一般的ですが、人事異動や退職またはIDカードの紛失などが発生した場合は都度速やかにデータの変更を行うことが重要です。これを怠ってしまうと情報流出のリスクが高まってしまうだけでなく、せっかくの出入管理システムの信頼性を著しく損ねてしまいます。こうした「人の管理」を確実に行うことがこれからのオフィスセキュリティにおいて最も重要な課題です。

オフィスセキュリティの例

煙感知器
火災発生時の熱や温度上昇・
煙などを感知する

受動赤外線検知器
人の移動などによる熱量
の変化を感知する

ガラス破壊検知器
ガラス破壊時の振動や破壊
音を検知する

シャッター検知器
シャッターの正常閉鎖位置から
のズレを検知する

非常押しボタンスイッチ
非常時押下することで異常を知
らせるボタン

一般の従業員が自由に立ち
入ることができるエリア

磁気近接スイッチ
窓や扉の正常閉鎖位置から
のズレを検知

金庫防犯検知器
金庫に与えられた振動や傾
きなどを検知

限られた従業員や上司の承認が
なければ入室できないエリア

フラッシュライト
警報を外部に伝えたり侵入
者を威嚇するライト

出入り操作器（警戒操作器）、認証装置
警戒状態を操作、出入管理を行う認証
装置

（写真提供：ALSOK）

用語解説 個人情報保護法……個人情報取扱事業者は、その取扱う個人データの漏えい、滅失またはき損の防止その他の個人データの安全管理のために必要かつ適切な措置を講じなければならない。

Part1 消防用設備と法律
Part2 消火設備
Part3 火災報知設備・避難設備
Part4 防火設備・排煙設備
Part5 防犯設備
Part6 セキュリティシステム

店舗セキュリティ

店舗の防犯対策

店舗の防犯対策は、侵入犯罪に対するもののほか、万引きや内引き、盗撮といった営業時間内に発生する犯罪、強盗や悪戯、店舗内で暴れる素行不良など幅広い事案に対して行わなければなりません。

特に、衣料店や書籍店といった物販店舗や飲食店の場合は、入場する客を規制することができませんから余計に対策が困難です。また、せっかく行った防犯対策が店舗の売上を妨げるようなものであると導入する意味がありません。このため店舗セキュリティにおいては、各種防犯設備の設置方法や運用方法、デザインに至るまで多くの工夫が必要となります。

犯罪によるイメージダウン

店舗における防犯対策を考える場合、犯罪が発生した場合の防犯対策はもちろん必要ですが、最も重要なことは、犯罪がおきにくい環境を作るということです。

これは店舗における犯罪の発生そのものがイメージダウンに直結してしまうばかりでなく、犯人と店舗以外にほかの利用者を巻き込んでしまう可能性が高いからです。このため、防犯設備による対策とは別に環境面での対策を合わせて検討することが重要となります。たとえば、万引き防止対策として万引き防止タグの導入や防犯カメラの設置、防犯ミラーの設置などを行うほか、店舗内を通常より明るく設定し死角の少ない商品レイアウトを行う、店員や保安警備員による店舗内巡回や声かけを積極的に行うなど、心理的に犯行を行いにくい環境を作ることが大切です。

更に、高額な商品や危険物などがある場合は必ず従業員の目の届く場所に陳列します。その上で施錠可能なショーケースを利用し、可能であれば防犯ブザーを設置するなど、異常があればすぐに従業員が駆けつけられるように対策します。また、営業終了後にはなるべく建物の中央に近い保管場所に移動させ、専用の侵入警報設備を設置します。

営業時間外の防犯対策

店舗の場合、営業終了後従業員が少数になった時を狙って強盗が襲う事案も少なくありません。これは営業終了後の店舗は現金が比較的多く存在していること、照明を消しているために周囲から目立ちにくく犯行が行いやすくなっているためです。これらの防犯対策としては、無線式非常通報装置の導入、営業終了後も帰宅時まではなるべく周囲を明るくしておく、建物出入口に防犯カメラや人感ライトなどを設置する、などが有効です。また、帰宅時は一人で行動せずに、極力複数の従業員が一緒に行動することで危険を防ぐようにします。

店舗セキュリティの例

防犯カメラ（ドーム型）
見た目に配慮したドーム
型天井埋込カメラ

防犯カメラ（露出箱型）
犯罪抑止効果も兼ねて、露出設
置されたカメラ

**自動通報装置（画像
監視）**
異常発生時、信号や
店内画像を監視場所
へ送信する

事務所

レジ

威嚇スピーカー・集音マイク
監視場所から音声で威嚇し、周
囲の音声を収集して通報する

非常押しボタンスイッチ
非常時に押下することで異常を
知らせるボタン

万引き防止装置
商品に取付けられたタグを
感知し、未清算商品の持ち
出しを防ぐ
（写真提供：竹中エンジニ
アリング(株)）

フラッシュライト
警報を外部に伝え、侵入者
を威嚇するライト

（写真提供：ALSOK）

用語解説	内引き……内部の人間による万引き。その性格上、防止策をとることが困難なケースが多いが、万引きと同じく防犯カメラの有効活用や積極的な防犯教育などで犯行を行いにくい職場環境を作ることが重要な防止策となる。

Part1 消防用設備と法律

Part2 消火設備

Part3 火災報知設備・避難設備

Part4 防火設備・排煙設備

Part5 防犯設備

Part6 セキュリティシステム

ホームセキュリティ

個人宅の防犯

　ホームセキュリティとは、個人宅向けの侵入警報設備や防犯カメラシステム、出入管理システムといった防犯設備だけでなく、住宅用火災報知機やガス感知器などを加えた総称のことをいいます。一昔前まではホームセキュリティといっても専用の機器は無く、一般事務所向けの機器をそのまま個人宅に設置していたため、工事も大掛かりなものとなり契約料金も現在に比べて高めで、比較的所得の高い世帯でしか設置することができませんでした。しかし昨今では、各メーカーが個人宅向けに価格が安く施工もしやすい無線によるシステムを開発しており、契約料金も低価格化が進んだことから、防犯意識の向上と相まって飛躍的な普及を遂げるようになっています。

ホームセキュリティの特徴

　ホームセキュリティシステムのおもな特徴は、外出中はもちろん、在宅中でも警戒を可能としていることです。これは通常の侵入警報設備が無人の施設をおもな対象としているのに対し、個人宅では居住者の在室中であっても、忍び込みや居空き、強盗といった手口が比較的多く発生しているため、金品だけでなく居住者も守るためのシステムとなっています。

　更に個人宅では、たとえば夏季の夜間に一部分だけ窓を開けたり、深夜に居住者が帰宅や外出するなど、居住者の生活にも不便でないようにしなければなりません。このため、ホームセキュリティシステムでは、建物外周の防犯センサーだけを警戒状態にするなど部分的に警戒・解除ができる機能、無線リモコンによる警戒の操作、非常押しボタンの標準装備など、個人住宅専用の機能が搭載されており、居住者の日常生活にもなるべく影響を与えないような工夫がなされています。

　また最近では住宅の内装に合うように色やデザインのラインアップが揃い、より導入しやすくなっています。

ホームセキュリティのIT化

　現在では個人宅でも多くの世帯に常時接続型のインターネット回線が普及しています。そのため、インターネット回線を利用したホームセキュリティ商品が増えています。たとえば、インターネット回線を利用することにより通報時の通信料金を抑えることができるものや、警報発生時の部屋の様子をカメラで撮影し、居住者の携帯電話に映像を送ることができるもの、外部から携帯電話で設備の操作ができるものなどもあります。また最近では緊急地震速報を受信して表示することができるものなど、その利用方法も様々なものとなってきています。

ホームセキュリティの例

Part1 消防用設備と法律

Part2 消火設備

Part3 火災報知設備・避難設備

Part4 防火設備・排煙設備

Part5 防犯設備

Part6 セキュリティシステム

フラッシュライト
警報を外部に伝え、侵入者を威嚇するライト

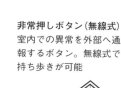

非常押しボタン（無線式）
室内での異常を外部へ通報するボタン。無線式で持ち歩きが可能

磁気近接スイッチ（防水型）
防水型の磁気近接スイッチ。浴室窓などに設置する（写真提供：竹中エンジニアリング（株））

自動通報装置
警報発生を電話回線やインターネットを使用して外部に通報する

2 階

リビング

寝室

玄関

（写真提供：竹中エンジニアリング（株））

人感ライト
人などを感知すると点灯する

1 階

① **受動赤外線検知器（無線式）**
人の移動などによる熱量の変化を感知する

② **磁気近接スイッチ（無線式）**
窓や扉の正常閉鎖位置からのズレを検知する

住宅用火災感知器
火災発生時の熱や温度上昇・煙などを感知する

操作リモコン
各センサの状態を表示、警戒の操作を行うリモコン

ワンポイントアドバイス　法令により設置義務化された住宅用火災報知機はホームセキュリティ用として設置するものと兼用することが可能です。

167

タウンセキュリティ

街全体の環境を守る

　タウンセキュリティとは一言でいうと「街を守る」ということです。警備会社におけるタウンセキュリティでは、区域内の全住居にホームセキュリティシステムを設置し、これに街灯防犯カメラや警備員による巡回などを組み合わせて防犯対策を行いますが、その他にも住民の防犯意識の向上を目的としたセミナーやイベント、住民による防犯パトロールや街全体の環境整備といった地域的な取り組みなども含めてタウンセキュリティと呼んでいます。

　タウンセキュリティの最大の目的は、「街全体で犯罪が発生しにくい環境を構築する」ことです。具体的には通常の防犯環境の整備と同様に監視性の確保、動線（接近）の制御、領域性の確保といった対策を物理的な面と人的な面の両方で行っていきます。

防犯環境の整備

　まず監視性の確保として、区域内の路地や主要な道路、通学路や公園などの施設に街頭防犯カメラを設置します。これに合わせてカメラや人の目の死角がなるべくできないように植栽や看板、放置物の整理を行い、見通しの良い環境を作ります。更に、街灯を増やすなど、夜間照明を強化することも有効です。これらの対策を行うことで犯罪行為が発生してもすぐに発見できる環境を作ることができます。

　次に、動線の制御として車両の出入りや通行を時間帯や曜日ごとに規制したり、児童の通学路や普段住民が使用する道路を予め決めておくことで、外部から不審な車両や人物が入ってきても早期に発見できる可能性が高くなります。柵や段差などを利用して区域の境界を明確にすれば、更にその効果は上がります。領域性の確保については、定期的な防犯セミナーを開催したり、防犯パトロールを行うなど住民の意識的な向上をはかるほか、防犯ポスターや注意看板などを用いて防犯意識の高い地域であることを内外に示すことで、犯罪者の意欲をそぐ効果が期待できます。

　この様にタウンセキュリティにおいては、システムや警備会社だけに頼らず、地域住民同士が自らの意志で継続的に防犯意識を高める活動をすることが重要です。

青色防犯パトロール

　昨今、青い回転灯を装備した車両が防犯パトロールを行う姿がよく見られるようになりました。これは、地域住民などが自主防犯パトロールを行うために制度化されたもので、適正にパトロールを行うことができると認められた団体とその車両に対して警察が青色回転灯の装備を許可しています。また、警察の要請で警備業者などの企業がボランティアとして行う場合もあり、地域防犯の有効な手段として注目されています。

タウンセキュリティの例

防犯カメラ

注意看板

防犯ポスター

防犯カメラや掲示物、住民による防犯パトロールなどを組み合わせることでより強固な防犯を実現することができる

青色防犯パトロールの例

青色防犯パトロールに使用される車両は、青色回転灯を装備し、「防犯パトロール中」などのステッカーを表示する
※色やデザインについては基本的に自由だが、より高い防犯効果を求めて警察車両に似た塗装にするケースが多い

用語解説 防犯セミナー……地域の自治会やマンションの理事会などが主催して行う防犯講習会。警察官や警備会社員、防犯設備士などを招いて行われることが多い

Part1 消防用設備と法律
Part2 消火設備
Part3 火災報知設備・避難設備
Part4 防火設備・排煙設備
Part5 防犯設備
Part6 セキュリティシステム

システムの設計

対象物の理解

　セキュリティシステムを設計する場合は、防犯対象物である施設の立地条件や構造、運用形態を十分理解することが大切です。そのためには設計前にできるだけ詳細な図面を準備して現地を確認し、弱点となる箇所や近隣建物との距離、周囲の状況などを細かくチェックします。

　その後、防犯対象物の位置や保管、設置方法、施設の使用用途や運用の方法(営業時間など)、セキュリティシステムを設置する目的や、どの程度のシステムを設置したいかなど、依頼主に対して聞き取り調査を行います。調査した内容は詳細に整理し、予算も確認します。

脅威の列挙と評価

　次に防犯診断を行います。防犯診断ではまず警戒線と警戒区域の設定を行いますが、最初は線の数にこだわらず、部屋ごと、通路ごとなどできるだけ多く設定します。その後、想定した侵入経路や手口などに照らし合わせて必要なものだけを残していきます。最終的に残ったそれぞれの警戒線を第一～第四警戒線に分類し、各警戒線の内側を警戒区域とします。

　続いて設定した各警戒線上にある侵入可能な箇所と警戒区域について、侵入被害を受けた場合の被害を想定し、「対象物の強化」、「接近の制御」、「監視性の確保」の視点からその場所にどの程度の防犯対策

が必要かを検討します。たとえば、対象物の強化の観点からは侵入警報設備の設置、接近の制御では出入管理設備の設置、監視性の確保については防犯カメラの設置などとなります。

　またこの際、日常の動線を想定し、利用者がどういった手順で操作を行って、施設を利用するかについても想定しておきます。

システム系統図

　それぞれの場所に必要な対策が決定したら、次はシステム全体を構築します。通常セキュリティシステムの規模は、区切られた警戒区域の数や接続する機器の数、利用者の人数などで決まります。これらをわかりやすくするために、システム系統図を作成します。システム系統図では、まず必要な防犯センサやカメラ、出入管理装置といった端末機器をフロアや居室など警戒区域ごとにまとめて記入していき、最終的に警報表示盤や中央監視装置にどのような系統で接続するかを線で記入します。その上で、線上に必要な配線数や電源の位置などを記入していく事でシステムの全体を構築していきます。

　システム系統図が完成したら、各機器の個数や必要な配線の種別、量などを平面図と照らし合わせてリスト化し、最終的に機器や配線の購入金額、施工にかかる期間と費用などを算出します。

Part1 消防用設備と法律

Part2 消火設備

Part3 火災報知設備・避難設備

Part4 防火設備・排煙設備

Part5 防犯設備

Part6 セキュリティシステム

住宅における現地調査および施主意向調査例

区分	項目	細目	調査結果
施設調査	周辺の状況	物件の地域特性について	住宅地の中心で日中は人通りがあるが夜間は人通りがほとんど無く、通行車両も少ない
		敷地について	歩道に面しており道路からの見通しは良い
		境界について	左右は隣接しており、フェンスで区切られている。裏側についてはコンクリート壁で区切られている
		周囲の治安状況について	ここ１年間で２件の侵入盗が発生している
		その他	裏側は３階建てマンションであり、１階外周に防犯カメラが設置されている
	建物の状況	構造および築年数	木造２階建て築３年
		間取り、床面積など	４LDK（１階２部屋、２階３部屋）総床面積不明
		建物外周の状況	玄関、勝手口は２重鍵。リビング掃き出し窓シャッター有。側面に併設している倉庫から１階屋根上へ移動可能
意向調査	期待要望	防犯対策の目的	侵入時に発見し、威嚇および警備員の急行、被害の拡大防止
		防犯対象物の位置および内容	２階書斎の金庫およびノートパソコン、その他高額家財
		その他	夜間一人になることがあるので非常押しボタンが欲しい
	その他条件	施設利用者の動向	平日は８時〜20時まで１名在室。その他２名在室。土日は不在が多い
		施設利用者の動線	建物への出入は基本玄関から行う
		その他	１kmの距離に派出所があるが、夜間は警邏対応。近隣住民とは良好な関係である

テナントビルにおけるシステム系統図の例

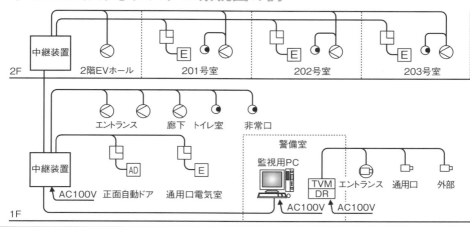

記号	内容	個数	記号	内容	個数	記号	内容	個数	記号	内容	個数
E	電気錠	4台	⊖	ドーム型カメラ	1台	AD	自動ドア（電気錠内蔵型）	1基	TVM DR	監視カメラ モニター・レコーダー	1式
◐	磁気近接スイッチ	5個	▭	屋外用カメラ	2台	◁	受動赤外線検知器	7個	▢	照合装置（警備操作・入退室兼用）	5台

用語解説　動線……日常における、施設利用者の移動経路のこと。時間帯による変化も含めて考慮する必要がある。

機器選定

機器選定の手順

システムの設計では、機器選定も平行して行います。現在では防犯機器や出入管理装置などは多くのメーカーから販売されており、どの機種が最適かを判断するのは経験者であっても難しいものです。

機器を選定する手順としては、以下のように行います。

目的の明確化と効果の確認

まず、各機器の設置箇所において、どういった現象や行動を監視または管理し、機器を設置することでどのような効果を期待するかを明確にします。そしてこれを元に設置する機器の大まかな分類を行います。たとえば防犯センサの場合は点や線、空間監視などの分類、防犯カメラの場合は機種や設置タイプ（露出、隠蔽、ドームなど）の分類、出入管理機器の場合は単方向規制か双方向規制となります。

設置箇所の確認

次に、実際に現場を見て設置箇所の確認を行い、設置場所の屋内外の区別、周囲の温度や湿度、振動や騒音の有無、外乱光、周囲の美観など、機器選出の際に検討するべき要素を洗い出します。また、この時点で設置する機器の種類を想定しておきます。近接磁気スイッチや受動赤外線検知器などが候補となります。

仕様の決定と機器の選定

各所に設置する端末機器とシステム全体について仕様を決めていきます。端末機器については、先に洗い出した要素を元に最低限必要な性能を書き出し、システム全体については、接続する機器数や必要となる人数（将来的に増設が予測される場合はその数も含みます）、制御する機器や制御の方法、防犯カメラの場合は録画時間や画質などを細かく書き出します。これらをまとめて、システム全体としての仕様書を作成します。

最後に、仕様書に書き出した要件を満たす機器の中から、費用、運用性、メンテナンス性、美観などを考慮して実際に設置する機器を選定します。

システム全体の調和

機器の選定については、メーカーにこだわらず機器の性能や効果を最重視して選定することもできますが、受動赤外線検知器や赤外線遮断検知器などを多数設置する場合などは同一メーカーのものを使用することで通信機能を利用して配線数や配線距離を削減できる場合があります。

また、出入管理装置や防犯カメラなどの場合はシステム全体として機器のメーカーを統一することが必要な場合があります。仕様書を提示してメーカーへ確認することが大切です。

Part1 消防用設備と法律

Part2 消火設備

Part3 火災報知設備・避難設備

Part4 防火設備・排煙設備

Part5 防犯設備

Part6 セキュリティシステム

機器選定時の分類の例

目的・効果	分類	場所	必要な機能（仕様）	機器候補
ドアからの侵入の検知 ドア開放時に警報	点警戒型 防犯センサ	建物 通用口	1〜2cmの開放で反応 雨がかかるので耐水性能	防水型磁気近接スイッチ
シャッターからの侵入の検知 シャッター全閉以外で警報	点警戒型 防犯センサ	倉庫 シャッター	10cm程度の開放で警報 埃や汚れに強い	磁気式シャッター検知器
ガラスの破壊を検知 破壊・ひび割れ時に警報	点警戒型 防犯センサ	室内 ガラス面	ガラス破壊時の振動を検知 監視対象はガラス1枚	貼付型ガラス破壊検知器
ガラスの破壊を検知 破壊・ひび割れ時に警報	空間警戒型 防犯センサ	室内 天井	ガラス破壊音を検知 複数ガラスが対象	音響型ガラス破壊検知器
敷地内への侵入を検知 決められた線の遮断を検知	線警戒型 防犯センサ	屋外	検知幅100m以上 物理的遮断をしない	赤外線遮断検知器
室内への侵入を検知 物体の移動時に警報	空間警戒型 防犯センサ	室内	小動物を検知しない 部屋全体を監視（5×5m程度）	受動赤外線検知器
金庫の異常を検知 傾き・振動・取外し時警報	点警戒型 防犯センサ	室内	3軸方向の変化を検知 微細振動を検知	金庫センサー
出入管理を行う カード所持者以外規制する	出入管理装置	室内	IDカードの仕様 登録枚数	非接触カード認証装置
出入管理を行う カードを所持させない	出入管理装置	室内	生態（静脈）認証を行う 登録人数	指静脈認証装置
対象付近の映像を記録 防犯威嚇効果	防犯カメラ	屋外	防水・防滴型 夜間も撮影	屋外ハウジング Day & Night カメラ

機器選定における仕様書の例

○○ビルセキュリティシステム仕様書
1．システム概要
テナントビル内において、各共用部・居室ごとに出入管理・防犯監視を行い、設定や異常の表示は防災センター内表示機にて表示、常駐警備員にて対応を行う
2．システム規模
・監視（管理）エリア数　　　　　60エリア（最大100エリアまで拡張可能とする） ・防犯回路数（センサー接続数）　150回路（最大256回路まで接続可能とする） ・登録カード枚数　　　　　　　　初期登録枚数1,000枚（最大3,000枚まで可能とする） ・電気錠接続数　　　　　　　　　52台（50テナントおよび2共用部・最大100台とする） ・履歴保持数　　　　　　　　　　警報履歴・通行履歴それぞれ10,000件以上とする ・運用時間帯　　　　　　　　　　24時間（ただし防犯警戒については警戒中のみとする）
3．システム要件
【警備・出入管理仕様】 ・1階通用口および各居室出入口に電気錠および認証装置を設置し、出入管理および警備状態の操作を行う ・認証装置は非接触式カードリーダー（テンキー付）を使用し、ICカードを使用して認証する ・各居室については磁気近接スイッチと受動赤外線検知器、共用部については受動赤外線検知器および赤外線遮断検知器を用いて防犯監視を行う 【監視装置仕様】 ・防災センター内に監視・設定用パソコンを設置し、各種異常時には警報音とともに異常内容を表示する ・各居室の警備状態および各電気錠は防災センター内のパソコンで遠隔操作可能とする ・通行履歴および警報履歴はそれぞれ10,000件以上保持し、必要に応じて印字可能とする ・それぞれのICカードの利用者名を入力することができ、カード使用時には時刻とともに利用者名が表示されるものとする 【その他】 各機器はそれぞれ停電補償機能を装備し、停電時にも20分以上警備状態を維持することができるものとする

用語解説　単方向規制と双方向規制……単方向規制とは、外部から室内方向へ入室する場合のみ規制することを指し、双方向規制とは、入室・退室の両方を規制することを指す。

施工上の注意

法令上の注意点

通常セキュリティシステムの施工をする場合、電源となるAC100Vの配線および接続が必要となりますので、コンセントによる接続などの例外を除いて電気工事士の資格が必要です。また、電話回線を接続する場合には工事担任者、自動火災報知設備と配線を接続する場合には消防設備士甲種第四類以上を取得しているか、取得者が指示監督を行うことが必要です。また、総額500万円以上のセキュリティシステムの工事を請け負う場合には、建設業の許可が必要となります。

配線の施工

セキュリティシステムに使用する機器は、警報表示盤や各種制御装置、一部の防犯カメラを除いてほとんどが直流48V以下の弱電機器です。このためほかの機器のノイズなどの影響を受けやすくなり、電話回線やその他の通信回線同様に配線経路や線種などに配慮する必要があります。建物によっては、あらかじめ配線箇所が定められている場合もありますので、あらかじめ図面の確認や建築業者に問い合わせるなどしておきます。また、雷の多い地域などでは落雷による機器の故障が懸念されることから、設置状況や避雷対策など特段の配慮が必要となります。

機器の設置について

セキュリティシステムに使用する防犯センサーや認証装置、警報表示盤および防犯カメラなどは非常に精密な機器であるため、搬送時の衝撃や環境の変化、保管方法などによりその性能に大きく影響を与える可能性があります。取扱いには細心の注意が必要です。また、設計時には適切に選択された設置場所であっても、実際に設置する際には什器や看板のレイアウトの変更、外乱光や振動、粉塵や電気的ノイズなどにより、機器の効果を十分発揮することができない場合もあります。設置にあたっては、現場で設計者と綿密な打合せを行い、内容に相違がある場合には再調査を行うことが重要です。

近接磁気スイッチや傾斜センサー、振動センサーなどは、設置した位置がそのまま検知感度に影響する機器です。各センサーの動作範囲や設置条件などが適切であるか、十分確認する必要があります。これらの防犯機器は、施工後に期待通りの動作を行うことができるかを、必ず実際に作動させてチェックし、施主および設計者の検収を受けることが大切です。

このほか、点検がしやすい位置であるか、日常の操作が行いやすい位置であるか、悪戯のされにくい場所であるか、美観への配慮など、様々な点に注意して機器の設置を行います。

セキュリティシステムに関わる資格

資格		内容
電気工事士	1種	2種の範囲のほか、最大500kW未満の施設での工事に必要（ネオンや非常発電設備などを除く）
	2種	住宅や店舗にて600V以下で受電する設備の工事に必要（コンセントによる接続など軽微なものを除く）
工事担任者		通信機器を各種通信回線へ接続する工事を行う。または監督する際に必要（モジュラープラグなどの接続を除く）。回線の種類によって種別が異なる
消防設備士甲種第四種以上		自動火災報知設備やガス漏れ火災警報設備などの工事・整備および点検を行うために必要（整備・点検のみの場合は乙種）

施工時の不具合や調整時の不備を要因とする不具合の例

機器名称	施工や調整時の不備からくる不具合など
共通事項	接点に大電流が流れると、溶着して正常に機能しなくなる恐れがある
	規定以上の電流が流れると内部基盤が焼損し、正常に機能しなくなる恐れがある
磁気近接スイッチ	振動によりリードカバーのガラスが破損すると、検知感度が悪くなったり、接点の腐食などが起きる
受動赤外線検知器	振動により内部の反射板や試験用の部品がずれ、正常に検知できなくなる
	端子スペースに配線を入れすぎることにより、接触不良やショートが起こる
	設置のため天井にあけた配線孔より空気や水が入る恐れがある
	設置環境が空気の高温層である場合、低音層での検知感度が悪くなる
赤外線遮断検知器	車のライトなどの直射光や正対するほかの検知器により誤動作する恐れがある
	機器の固定が緩い場合、誤作動する恐れがある
	配線抗に隙間がある場合、虫が侵入しショートする恐れがある
	投受光器間隔が長すぎる場合、誤作動を起こす恐れがある
防犯カメラなど	機器の固定が緩い場合、時間の経過とともに画角のずれが発生する
	器具の密閉が不完全な場合、撮影画像にくもりが発生する恐れがある
	振動などによりレンズや絞りの調整がずれ、画像がぼやける恐れがある
	レンズにキズが入ることにより正常な画像が得られなくなる
認証装置など	防水処理に不備があると、降雨時などに水が浸入し水損する恐れがある
	ほかの無線機器の電波や電磁ノイズと干渉し正常に機能しなくなる恐れがある
	設置位置により、悪戯や誤操作の原因となる恐れがある

用語解説 電気工事士……一般電気工作物の工事および作業は、軽微なものを除いて有資格者でなければ行ってはいけないと電気工事士法で定められている。

Part1 消防用設備と法律
Part2 消火設備
Part3 火災報知設備・避難設備
Part4 防火設備・排煙設備
Part5 防犯設備
Part6 セキュリティシステム

運用と保守

セキュリティシステムの運用

　セキュリティシステムはこれまで解説したように、設計者が想定した手口の犯行が行われ、または行われようとした際に発生する環境の変化をとらえ、管理者や警備員に通報するシステムです。

　セキュリティシステムが能力を十分に発揮するためには、全ての利用者が設置されたシステムの概要、警報発生時の動作、復旧方法などを熟知していることが求められ、日常的な訓練や説明会を行って、常に理解を深める努力を行うことが重要となります。また、セキュリティシステムの操作方法だけでなくIDカードや暗証番号の管理なども大切です、紛失などによって侵入犯に悪用されることがないように、施設外での日常生活上においても利用者の防犯意識を高めることが求められます。これらを適正に行うことによってシステムの性能が最大限発揮されることになります。

セキュリティシステムの維持管理

　セキュリティシステムは、設置してから5年〜10年ほど使用する場合が多く、その間設置時の性能を維持し続けなければなりません。知らないうちに性能が維持できなくなっていたというような事態は、侵入などを許してしまうことになり、絶対に避けなければなりません。リスク管理の観点からも常に適切な維持管理を

行う必要があります。

　セキュリティシステムの維持管理は、定期点検、日常点検、修理点検（トラブル対応）の3つに分けて行います。定期点検は、設置した業者や施設の設備管理者が全ての機器の外観や動作、接続状況などをできるだけ細かくチェックする点検です。またその際、レイアウト変更や周辺環境の変化があった場合は、その内容を確認して、利用者に機器の変更や移設の提案を行います。定期点検は半年または1年おきに実施するのが望ましく、設置業者と保守契約を交わすなど長期的に行うのが一般的です。

　日常点検は、警備員や施設管理者、施設利用者などが日常使用中に随時行う点検です。おもに外観、音、動作に異常がないか、などの簡易的なものが点検内容になります。もし、日常点検時に異常が認められた場合は即時施設管理者や警備担当者などに報告し、専門者による修理点検を行うことになります。

　尚、修復に時間を要する場合、施設管理者に相談し警備員の巡回を行うなど代替の対策を行います。

　セキュリティシステムも自動車や家電製品同様に操作運用する人間が適切に取扱うことではじめて十分な機能を発揮することができます。つまり、セキュリティシステムの品質は半分が機器の性能、もう半分が維持管理の適切さで決まるといっても過言ではありません。

Part1 消防用設備と法律

Part2 消火設備

Part3 火災報知設備・避難設備

Part4 防火設備・排煙設備

Part5 防犯設備

Part6 セキュリティシステム

各種点検時に実施する内容

	項目	内容	定期点検	日常点検
共通事項	図面照合	保存されているセキュリティ図面と間仕切りや什器レイアウトなどに差異が発生していないかを確認する。差異があれば変更、対策を行う	○	
	外観点検	全ての機器を目視にて確認し、異常な汚れや破損がないかを確認する。汚れがあれば清掃し、破損があれば交換などの処置を行う	○	○
	動作点検	動作時のランプや音、警報受信盤での表示などで全ての機器が正常に動作しているか確認する	○	○
	接続確認	全ての機器および配線について、接続に異常（端子の緩みや異常な抵抗値）がないかを確認する	○	
	設定確認	機器に登録されている各種設定値が、規定通りであるか確認する。変更箇所があった場合、その理由と変更者を確認する	○	
	電圧確認	電源電圧および出力電圧に異常はないか、許容の範囲内であるかを確認する	○	
侵入警報設備	通報確認	実際に警戒状態にし、全ての防犯センサを動作させて検知時に正常に警報受信盤または監視センターへ通報するか確認する	○	
	制御確認	警報発生時、威嚇音響や報知音響が正常に鳴動するか、適正な音量であるかを確認する。また、照明や空調など連動制御している機器がある場合は、正常に連動できるかを確認する	○	
	機器調整	機器の動作を確認し、現在の状況に合わせて各種調整を行う	○	
出入管理設備	照合確認	規定の方法で正常に照合が可能であるかどうかを確認する。読み取り部の汚れなどで読取不良が発生する場合は清掃を行う	○	○
	連動確認	電気錠や自動ドアなど、正常に制御できているか確認する。また、動作に連動して表示されるランプなどについても確認する	○	○
	警戒確認	警戒操作機能がある場合、正常に警戒をセットできるか確認する。また、警報ブザーなどがある場合は鳴動状況も確認する	○	○
	不要情報	不要な登録者や、紛失・破損ＩＤが正常に削除されているか確認する。また、長期間使用していないカードなどがあれば管理者に報告する	○	
	履歴確認	通行履歴や動作履歴などを確認し、異常がないかをチェックする。ただし通行情報は個人情報となる場合があるので取扱いに注意する	○	
防犯カメラ	映像確認	カメラで撮影した映像が、正常に監視モニターに表示されているか確認する。くもりやキズなどがあれば対策を行う	○	○
	記録確認	接続されている全てのカメラについて、規定通りの画質で録画されているか、実際に再生して確認する。夜間や雨天など悪条件下での映像も確認し、不備があれば管理者に報告する	○	
	エラーログ	エラーログを記録する機種については、内容を確認する。重大なエラーが発生した記録があれば、管理者に報告する	○	
その他	その他	その他、必要と思われる点検を実施し、結果と内容を報告する	○	○

用語解説　保守契約……施主と施工業者、メーカーなどで期間を定め、定期的な点検業務と突発的な点検業務を施工業者が行う契約。多くの場合点検自体は契約の範囲内で行われるが、機器の交換などが生じた場合別途有償となる。

索 引

参考文献

『よくわかる消防設備』　　　　　　　日本実業出版社

『消防基本六法』　　　　　　　　　　東京法令出版

『はじめて学ぶ　建物と火災』　　　　　共立出版

『防火対象物点検資格者講習テキスト』
　　　　　　　　　　（財）日本消防設備安全センター

『教育訓練テキスト』　　　　　　　　㈱初田製作所

『図解　消防設備の基礎』　　　　　　ナツメ社

『建築消防advice』　　　　　　　　新日本法規出版

『防犯設備士テキスト第8版』、『防犯ガイドブック』、『技術標準』
　　　　　　　　　　公益社団法人日本防犯設備協会発行

『平成24 〜 25および令和4年の犯罪情勢』
　　　　　　　　　　　　　警察庁発行統計資料

『令和4年の刑法に関する統計資料』　警察庁発行統計資料

■ **執筆者**

中前　秀夫
関西学院大学経済学部卒業。
初田防災設備㈱　代表取締役。
甲種消防設備士、乙種消防設備士、防火対象物点検資格者、
防災管理点検資格者。

武田　智彦
国立大分工業専門学校制御情報工学科卒業。
西鉄ビルマネージメント株式会社。
防犯設備士、工事担任者、警備員指導教育責任者1号業務。

阿部　守
九州工業大学大学院修了。
大手メーカーを経て、MABコンサルティング代表。
構造設計一級建築士、中小企業診断士。

いちばんよくわかる　消防設備（しょうぼうせつび）〔第2版〕

2012年4月1日　初　版　第1刷発行
2024年4月1日　第2版　第1刷発行

編　著　者　　Ｔ　Ａ　Ｃ　株　式　会　社
　　　　　　　　　　　　　　（建築設備研究会）
発　行　者　　多　　田　　敏　　男
発　行　所　　Ｔ Ａ Ｃ 株式会社　出版事業部
　　　　　　　　　　　　　　　（ＴＡＣ出版）
〒101-8383
東京都千代田区神田三崎町3-2-18
電話　03（5276）9492（営業）
FAX　03（5276）9674
https://shuppan.tac-school.co.jp
組　　版　　ジ ー グ レ イ プ 株 式 会 社
印　　刷　　株 式 会 社 ワ　コ　ー
製　　本　　株 式 会 社 常 川 製 本

©TAC 2024　　Printed in Japan

ISBN 978-4-300-11166-6
N.D.C. 533

TAC出版 書籍のご案内

TAC出版では、資格の学校TAC各講座の定評ある執筆陣による資格試験の参考書をはじめ、資格取得者の開業法や仕事術、実務書、ビジネス書、一般書などを発行しています！

TAC出版の書籍

*一部書籍は、早稲田経営出版のブランドにて刊行しております。

資格・検定試験の受験対策書籍

- ✪日商簿記検定
- ✪建設業経理士
- ✪全経簿記上級
- ✪税 理 士
- ✪公認会計士
- ✪社会保険労務士
- ✪中小企業診断士
- ✪証券アナリスト

- ✪ファイナンシャルプランナー(FP)
- ✪証券外務員
- ✪貸金業務取扱主任者
- ✪不動産鑑定士
- ✪宅地建物取引士
- ✪賃貸不動産経営管理士
- ✪マンション管理士
- ✪管理業務主任者

- ✪司法書士
- ✪行政書士
- ✪司法試験
- ✪弁理士
- ✪公務員試験(大卒程度・高卒者)
- ✪情報処理試験
- ✪介護福祉士
- ✪ケアマネジャー
- ✪社会福祉士　ほか

実務書・ビジネス書

- ✪会計実務、税法、税務、経理
- ✪総務、労務、人事
- ✪ビジネススキル、マナー、就職、自己啓発
- ✪資格取得者の開業法、仕事術、営業術
- ✪翻訳ビジネス書

一般書・エンタメ書

- ✪ファッション
- ✪エッセイ、レシピ
- ✪スポーツ
- ✪旅行ガイド (おとな旅プレミアム/ハルカナ)
- ✪翻訳小説

書籍の正誤に関するご確認とお問合せについて

書籍の記載内容に誤りではないかと思われる箇所がございましたら、以下の手順にてご確認とお問合せをしてくださいますよう、お願い申し上げます。

なお、正誤のお問合せ以外の**書籍内容に関する解説および受験指導などは、一切行っておりません。**
そのようなお問合せにつきましては、お答えいたしかねますので、あらかじめご了承ください。

1 「Cyber Book Store」にて正誤表を確認する

TAC出版書籍販売サイト「Cyber Book Store」の
トップページ内「正誤表」コーナーにて、正誤表をご確認ください。

CYBER TAC出版書籍販売サイト
BOOK STORE

URL:https://bookstore.tac-school.co.jp/

2 1の正誤表がない、あるいは正誤表に該当箇所の記載がない
⇒ 下記①、②のどちらかの方法で文書にて問合せをする

★ご注意ください★

お電話でのお問合せは、お受けいたしません。
①、②のどちらの方法でも、お問合せの際には、「お名前」とともに、
「対象の書籍名（○級・第○回対策も含む）およびその版数（第○版・○○年度版など）」
「お問合せ該当箇所の頁数と行数」
「誤りと思われる記載」
「正しいとお考えになる記載とその根拠」
を明記してください。
なお、回答までに1週間前後を要する場合もございます。あらかじめご了承ください。

① ウェブページ「Cyber Book Store」内の「お問合せフォーム」より問合せをする

【お問合せフォームアドレス】

https://bookstore.tac-school.co.jp/inquiry/

② メールにより問合せをする

【メール宛先　TAC出版】

syuppan-h@tac-school.co.jp

※土日祝日はお問合せ対応をおこなっておりません。
※正誤のお問合せ対応は、該当書籍の改訂版刊行月末日までといたします。

乱丁・落丁による交換は、該当書籍の改訂版刊行月末日までといたします。なお、書籍の在庫状況等により、お受けできない場合もございます。
また、各種本試験の実施の延期、中止を理由とした本書の返品はお受けいたしません。返金もいたしかねますので、あらかじめご了承くださいますようお願い申し上げます。

（2022年7月現在）